Impressum

1. Auflage 2019
© 2019 by Südwest Verlag,
einem Unternehmen der Verlagsgruppe Random House GmbH,
Neumarkter Straße 28, 81673 München

Hinweis
Alle Rechte vorbehalten. Vollständige oder auszugsweise Reproduktion, gleich welcher Form (Fotokopie, Mikrofilm, elektronische Datenverarbeitung oder durch andere Verfahren), Vervielfältigung, Weitergabe von Vervielfältigungen nur mit schriftlicher Genehmigung des Verlags.

Hinweis
Das vorliegende Buch ist sorgfältig erarbeitet worden. Dennoch erfolgen alle Angaben ohne Gewähr. Weder Autorin noch Verlag können für eventuelle Nachteile oder Schäden, die aus den im Buch gegebenen Hinweisen resultieren, eine Haftung übernehmen.

Sollte diese Publikation Links auf Webseiten Dritter enthalten, so übernehmen wir für deren Inhalte keine Haftung, da wir uns diese nicht zu eigen machen, sondern lediglich auf deren Stand zum Zeitpunkt der Erstveröffentlichung verweisen.

Bildnachweis: Vanessa Jansen für die Fotos.
Shutterstock, iStock, GettyImages für die Illustrationen.

Redaktionsleitung: Dr. Harald Kämmerer
Projektleitung: Eva M. Salzgeber
Redaktion: Christiane Leesker, Münster
Korrektorat: Claudia Pastors, Münster
Layout und Satz: Christiane Leesker, Münster
Umschlaggestaltung: OH, JA! (www.oh-ja.com)
Fotografie: Vanessa Jansen, Münster
Reproduktion: Mohn Media Mohndruck GmbH
Druck und Verarbeitung: Mohn Media Mohndruck GmbH

Printed in Germany

Verlagsgruppe Random House FSC® N001967

ISBN 978-3-517-09786-2
www.suedwest-verlag.de

CHRISTIANE LEESKER & VANESSA JANSEN

SCHREBERGARTEN KOCHBUCH
GENUSS AUS DEM LAUBENGARTEN

südwest

INHALT

9   VORWORT

13   FRÜHLING

63   SOMMER

119   HERBST

171   WINTER

216   REZEPTREGISTER

220   DANK

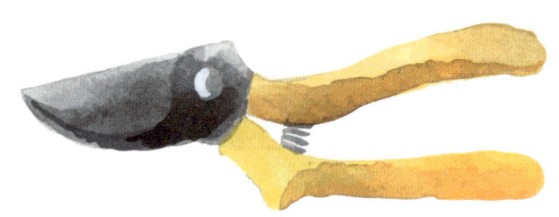

DIE REZEPTE SIND, WENN NICHT ANDERS ANGEGEBEN, FÜR 4 PERSONEN BERECHNET.

VORWORT

"Kleingärten sollen der Erholung in der Natur dienen und Stadtbewohnern nach dem Vorbild alter Bauerngärten den Anbau von Obst und Gemüse ermöglichen. Heute findet man in diesen Gärten aber auch Zierpflanzen und Rasenflächen." (Wikipedia)

Da ist diese neue Sehnsucht nach dem Echten, Ursprünglichen, nach Arbeit mit den eigenen Händen, nach Kreativität, Nachhaltigkeit und der Erholung von der digitalen Welt. Dann die Freude und der Stolz darüber, die Früchte der Arbeit zu sehen, zu ernten, zu verwerten und zu genießen. Viele gute Gründe dafür, dass sich Schrebergärten in den letzten Jahren einer ungeahnten Nachfrage erfreuen. Die langen Wartelisten mit Anwärtern auf eine Parzelle zeigen es deutlich.

Jahrzehntelang galt der Kleingarten als Rentnerparadies, ein Überbleibsel aus der Zeit der Industrialisierung, als Arbeiter- und Beamtenfamilien hier Kartoffeln und Kohlköpfe zogen. Anlagen mit Namen wie „Lebensfreude Post" oder „Blüh-auf Bergbau" sprechen da für sich. Jetzt zieht es Menschen dorthin, die achtsam leben und sich regional und saisonal ernähren wollen.

Eine spannende Mischung quer durch die Gesellschaft trifft man in den Laubengärten an: Studenten, Rentner, Familien und Paare jeden Alters und unterschiedlichster Herkunft und Zusammensetzung verbindet die Liebe zum Gärtnern, zum Ernten und Zubereiten von selbst gezogenem Obst und Gemüse. Auf Websites und Blogs tauschen sich Kleingärtner aus, sammeln Rezeptideen und Tipps. Darunter finden sich viele Gerichte mit osteuropäischen, türkischen oder orientalischen Wurzeln, Grillrezepte, Tipps für Eingemachtes und – für den süßen Gaumen – jede Menge Rezepte für Kuchen und Gebäck.

Für dieses Buch haben wir, die Fotografin Vanessa Jansen und ich, ein ganzes Jahr lang Kleingartenanlagen besucht. Wir waren fasziniert und begeistert von der besonderen Stimmung, die an sonnigen Wochenenden dort herrscht, haben Atmosphäre geschnuppert, freundliche Schrebergärtner kennengelernt, Rezepte gesammelt, Gartentipps notiert und durch alle Jahreszeiten in Fotos festgehalten, was gerade keimte, blühte oder reifte. Jetzt wünschen wir allen aktuellen und zukünftigen Schrebergärtnerinnen und -gärtnern viel Freude mit diesem Buch und beim Nachkochen der Rezepte!

FRÜHLING

Ab Mitte März findet das erste frische Grün wieder seinen Weg ans Licht. Mit zarten Kräutern und jungem Gemüse können Sie nach dem Winter Ihre Lust auf frische, leichte und knackige Gerichte stillen: Bärlauch, Radieschen, Spargel und Erdbeeren haben jetzt Saison und schmecken definitiv am besten, wenn sie direkt aus dem Garten auf den Tisch kommen!

Ein rosa-weißes Blütenmeer, so weit das Auge reicht, so präsentieren sich Schrebergartenanlagen zur Obstblüte. Die weiß blühenden Kirschbäume geben das Startzeichen, dann folgen Birne, Apfel und die dicken rosa Blüten der Quitten. Überall sprießt es, grünt es, blüht es. Die Schrebergärtnerinnen und -gärtner haben alle Hände voll zu tun, sie machen großen Frühjahrsputz in der Laube, graben um, düngen, säen, pikieren, pflanzen aus … Über Hecken und Gartenzäune begrüßt man die Gartennachbarn nach der langen Winterpause und tauscht Tipps und Erfahrungen aus. Das Gras schießt ins Kraut, die Rasenmäher brummen.

Zwischendurch bleibt aber genug Zeit und Gelegenheit, sich an den Blüten von Schneeglöckchen, Veilchen, Tulpen, Osterglocken und Forsythien zu freuen. Viele erste Male reihen sich in jedem neuen Frühjahr aneinander: die ersten wärmeren Sonnenstrahlen, die erste Ernte, das erste Kaffeetrinken im Freien bei selbst gebackenem Erdbeer- oder Rhabarberkuchen, das erste „Angrillen", sprich, die Eröffnung der neuen Grillsaison.

Tiramisu ist italienisch und bedeutet „zieh mich hoch". Hier ist der Name Programm, denn Anblick und Genuss dieser fruchtigen und frühlingshaften Tiramisu-Variante machen garantiert gute Laune!

ERDBEER-RHABARBER TIRAMISU

Für das Kompott:
250 g Erdbeeren
250 g Rhabarber
50 g Rohrzucker

Für das Tiramisu:
9 Löffelbiskuits
100 ml Orangensaft
2 EL Orangenlikör
250 g Mascarpone
250 g Magerquark
1 Päckchen Vanillezucker
60 g Rohrzucker
Zitronenmelisseblättchen
für die Dekoration

Für das Kompott die Erdbeeren putzen und vierteln. Den Rhabarber putzen, abfädeln und in kleine Stücke schneiden. Den Zucker in einem Topf karamellisieren lassen, die Hälfte der Erdbeeren und des Rhabarbers zugeben und 5 Minuten garen. Dann den Rest zugeben und 1 weitere Minute kochen lassen. Das Kompott vom Herd nehmen und abkühlen lassen.

Für das Tiramisu die Löffelbiskuits auf dem Boden einer Form oder flachen Schale verteilen, dafür ggf. in Stücke brechen. Orangensaft und -likör verrühren, über die Biskuits träufeln und 10 Minuten durchziehen lassen.

Das Erdbeer-Rhabarber-Kompott auf den Biskuits verteilen. Den Mascarpone mit dem Quark, dem Vanille- und dem Rohrzucker verrühren. Die Mischung auf dem Kompott verteilen. Die beiden Schichten mit einem Löffel leicht marmorieren. Das Tiramisu für 1–2 Stunden kalt stellen. Vor dem Servieren mit Melisseblättchen garnieren.

SPARGEL MIT RAUKE-WALNUSS-PESTO

Für das Pesto:
70 g Rauke
1 Knoblauchzehe
30 g Walnusskerne
30 g Pinienkerne
30 g Parmesan
100 ml Olivenöl
Salz
frisch gemahlener Pfeffer
1–2 EL Zitronensaft

Für den Spargel:
500 g weißer Spargel
500 g grüner Spargel
Olivenöl zum Braten

Für das Pesto die Rauke verlesen, waschen, trocken tupfen und klein schneiden. Den Knoblauch schälen und grob hacken. Die Walnüsse grob hacken. Walnüsse und Pinienkerne in einer Pfanne ohne Fett goldbraun rösten. Den Parmesan reiben. Von Rauke, Kernen und Käse jeweils etwas für die Dekoration beiseitestellen.

Die Rauke mit den restlichen gerösteten Nüssen und Kernen und dem verbliebenen Parmesan, Knoblauch und Olivenöl im Mixer fein pürieren. Mit Salz, Pfeffer und Zitronensaft würzen.

Den weißen Spargel schälen, die Enden knapp abschneiden und die Stangen längs halbieren. Den grünen Spargel eventuell im unteren Drittel schälen und die Enden knapp abschneiden. Die Spargelstangen in Olivenöl portionsweise braten, bis sie gar, aber noch bissfest sind. Dann auf einer vorgewärmten Platte anrichten und mit den verbliebenen Raukeblättchen, Kernen, Parmesan bestreuen. Den Spargel zusammen mit dem Pesto servieren.

Bei Rauke und Rucola handelt es sich eigentlich um ein und dieselbe Pflanze. Während die heimische Rauke nach und nach in Vergessenheit geriet, erlebte sie als Rucola in mediterranen, vor allem italienischen Gerichten ein regelrechtes Comeback. Seither findet das Kraut mit seinem nussartigen Aroma in vielen Gerichten Verwendung. Die wilde Rauke ist mehrjährig. Ihre fiedrigen Blätter haben einen pikanten und leicht scharfen Geschmack. Die einjährige Salatrauke hat etwas breitere Blätter als die wilde und schmeckt milder.

KALTE SPINAT-LASAGNE

250 g junger Blattspinat
Salz
8 Lasagneblätter
10 Stängel Estragon
10 Stängel Petersilie
2 Knoblauchzehen
150 g Ricotta
frisch gemahlener Pfeffer
200 g Schafskäse
1 Kugel Mozzarella
Olivenöl zum Beträufeln

Den Spinat waschen, verlesen und in kochendem Salzwasser kurz blanchieren. In ein Sieb geben, unter kaltem Wasser abschrecken und gut abtropfen lassen. Die Lasagneblätter in kochendem Salzwasser in ca. 10 Minuten bissfest garen, herausnehmen und in eine Schüssel mit Eiswasser legen, damit sie nicht zusammenkleben.
Estragon und Petersilie waschen und trocken schütteln. Die Blättchen abzupfen und hacken. Knoblauch schälen und zusammen mit den Kräutern und dem Ricotta pürieren. Mit Salz und Pfeffer würzen.
Die Lasagneblätter halbieren, sodass Quadrate entstehen. Den Schafskäse und den Mozzarella in Scheiben schneiden.
Pro Portion erst etwas Spinat auf jeden Teller geben, ein Lasagneblatt darauflegen, mit etwas Kräutercreme bestreichen und mit ein wenig Schafskäse belegen. Diesen Ablauf noch zweimal wiederholen. Mit einem vierten Lasagneblatt, ein paar Spinatblättern und einer Scheibe Mozzarella abschließen. Vor dem Servieren mit Olivenöl beträufeln.

Eigentlich handelt es sich hierbei nicht um eine richtige Lasagne. Sie wird weder im Ofen gebacken, noch sind Béchamel- oder Tomatensauce enthalten. Jedoch sorgt die Aufschichtung mit Nudelblättern für eine optische Täuschung. Das kalte Gericht mit Kräutern und jungen Spinatblättern schmeckt raffiniert und erfrischend.

BÄRLAUCHFOCCACCIA

Für den Teig:
500 g Mehl
300 ml lauwarmes Wasser
1 EL Honig
7 g Trockenhefe (1 Päckchen)
2 TL Meersalz
50 ml Olivenöl

Für den Belag:
10 Kirschtomaten
50 g Parmesan
2 EL Bärlauch-Pesto (Rezept Seite 25)
50 g Pinienkerne
1 TL grobes Meersalz
einige Bärlauchblätter, in Streifen geschnitten, für die Dekoration

Das Mehl in eine Schüssel geben, in die Mitte eine Mulde drücken. Das lauwarme Wasser hineingießen. Honig und Hefe mit dem Wasser verrühren, dabei etwas Mehl vom Rand mitnehmen. Den Vorteig 10 Minuten zugedeckt gehen lassen. Dann das Salz und das Öl zugeben und alles auf bemehlter Arbeitsfläche verkneten, bis ein elastischer, samtweicher Teig entstanden ist. Mit einem sauberen Küchentuch abdecken und weitere 20 Minuten gehen lassen.
Den Backofen auf 220 °C (Ober-/Unterhitze) vorheizen. Die Kirschtomaten halbieren. Den Parmesan grob reiben oder hobeln. Ein Backblech mit Backpapier auslegen, den Teig zu einem ovalen Fladen von ca. 1 cm Dicke ausrollen, auf das Blech legen und mit den Fingern in Abständen Dellen hineindrücken. Den Teig mit dem Pesto bestreichen und mit den Kirschtomaten belegen. Mit Parmesan, Pinienkernen und Meersalz bestreuen. Die Foccaccia im vorgeheizten Backofen auf mittlerer Schiene 15–20 Minuten backen. Herausnehmen, abkühlen lassen und mit Bärlauchstreifen bestreuen. Dann in handliche Stücke schneiden und servieren.

Diese Foccaccia passt großartig als deftige Grundlage zur Maibowle (Rezept Seite 29). Sie ist außen knusprig, innen fluffig und durch den Belag wunderbar saftig und herzhaft.

BÄRLAUCH PESTO

150 g Bärlauch
60 g Sonnenblumenkerne
80 g Parmesan
120 ml Olivenöl
Salz und Pfeffer

Den Bärlauch grob hacken. Die Sonnenblumenkerne in einer Pfanne ohne Fett goldbraun rösten. Parmesan grob reiben. Bärlauch mit Kernen, Parmesan und Olivenöl mixen, bis eine cremige Paste entstanden ist. Vorsichtig salzen und pfeffern. Das Pesto hält sich in einem gut schließenden Glas und mit etwas Olivenöl bedeckt im Kühlschrank ca. 1 Woche. Besser aber, man genießt es sofort!

Bärlauch ist genügsam und wird sich in einer schattigen Ecke des Gartens von Jahr zu Jahr mehr ausbreiten. Die zarten, nach Knoblauch duftenden Blätter gehören zum Ersten, was im Frühjahr geerntet werden kann. Nach der Blüte werden die Blätter zunehmend härter und faseriger und schmecken dann nicht mehr so gut. Übrigens sind auch die Blüten essbar und können als Knospen wie Kapern eingelegt werden.

MAIBOWLE

Für 6 Personen:
1 Flasche Weißwein (Riesling)
1 Flasche Sekt (Riesling)
8 Stängel Waldmeister (mit Blüten)
200 g Erdbeeren

Am Vortag Weißwein und Sekt kalt stellen. Waldmeisterstängel zusammenbinden und über Nacht welken lassen (oder kurz ins Eisfach legen). Dadurch entfaltet sich das typische Aroma.

Am nächsten Tag den Weißwein in eine weithalsige Flasche füllen. Die Waldmeisterstängel so hineinhängen, dass die Schnittstellen außerhalb der Flüssigkeit bleiben, und 30–45 Minuten ziehen lassen (nicht länger, sonst gibt's Kopfweh). Danach entfernen.

Inzwischen die Erdbeeren putzen und halbieren oder vierteln. Mit dem aromatisierten Wein übergießen. Den Sekt dazugießen und die Bowle sofort servieren.

Viel Brauchtum rankt sich um den Ersten Mai! Man feiert Walpurgisnacht, tanzt in den Mai, macht einen Maigang, stellt einen Maibaum auf oder wählt eine Mai-Königin.

Eine erfrischende Maibowle bildet einen wunderbaren Abschluss für einen Maigang und vereint zwei aromatische Frühlingsboten: Erdbeeren und Waldmeister.

Waldmeister gedeiht wie Bärlauch gut im Schatten unter Sträuchern oder Bäumen. Ein eingepflanzter Ableger aus dem Wald kann mit den Jahren dort einen richtigen Teppich bilden!

Ein Maifest unter Laubenpiepern

Bei Christoph und Henning gibt es eine klare Arbeitsteilung: Christoph ist für das Gärtnern zuständig, Henning fürs Handwerkliche und fürs Kochen. Vor über 15 Jahren haben die beiden ihre Parzelle gepachtet und einen sorgsam gepflegten, üppig blühenden Garten angelegt. Nachdem sie in einem Jahr so viele mehligkochende Kartoffeln geerntet hatten, dass ihnen bald keine Variationen von Kartoffelpüree mehr einfielen, und in einem anderen ebenso viele Zucchini, haben sie das richtige Maß gefunden. Jetzt profitieren die neu zugezogenen Gartennachbarn von ihren Tipps. Z. B., dass eine ausgestopfte braune Papiertüte nestbauwillige Wespen auf Distanz hält. Sie halten diese Attrappe für ein bereits vorhandenes Wespennest.

Zum Garten nebenan gibt es ein Törchen, sodass die kleine Marlene ungehindert von einem zum anderen gelangen kann. Und abends sitzt man hüben oder drüben häufig zusammen, dann wird z. B. gegrillt. Oder, wie hier, der Erste Mai begangen. Traditionsgemäß mit Maibowle (Rezept Seite 29) und diversen herzhaften Naschereien.

RADIESCHEN-KRESSE DIP

250 g Sahnequark
4 EL Crème fraîche
2 TL Sahnemeerrettich
1 TL Salz
frisch gemahlener Pfeffer
1 Prise Zucker
1 Spritzer Zitronensaft
2 Hand voll Gartenkresse
12–15 Radieschen

Den Quark mit Crème fraîche und Sahnemeerrettich gut verrühren, mit Salz, Pfeffer, Zucker und Zitronensaft würzen. Die Kresse abspülen und die zarten Stängel knapp über der Wurzel mit einer Schere abschneiden. Radieschen gründlich waschen, von Wurzelansatz und Blättern befreien und fein würfeln. Beides unter den Quark rühren. Den Dip abschmecken und mit Kräckern servieren.

Gartenkresse ist ganz einfach zu ziehen und kann schon zwei Wochen nach der Aussaat im Freien geerntet werden. Die Keimlinge, vor der Blüte geerntet, enthalten viel Vitamin C, Karotin und Senfölglykoside, die für den würzig-scharfen Geschmack sorgen. Gartenkresse schmeckt lecker auf Brot oder über Salat oder Suppe gestreut. Sie ist übrigens auch wichtige Zutat für die berühmte Frankfurter Grüne Sauce.

Der Dip passt auch sehr gut zu Pellkartoffeln und Matjes! Wer mag, mischt noch klein gewürfelten Apfel mit unter.

WALDMEISTER-PANNA-COTTA MIT ERDBEERSAUCE

Für die Panna cotta:
300 ml süße Sahne
300 ml Milch
100 g Zucker
1 Päckchen Bourbon-Vanillezucker
1 Blatt weiße Gelatine
1 Sträußchen Waldmeister, angewelkt

Für die Erdbeersauce:
500 g Erdbeeren
3–4 EL Zucker

Außerdem:
Zitronenmelisseblättchen für die Dekoration

Die Sahne mit der Milch in einen Topf geben, Zucker und Vanillezucker unterrühren und alles zum Kochen bringen. Die Gelatine in kaltem Wasser einweichen. Den Waldmeister abspülen.
Wenn die Sahne-Milch kocht, vom Herd nehmen, den Waldmeister einlegen, einen Deckel auflegen und das Ganze ca. 30 Minuten ziehen lassen. Danach den Waldmeister entfernen. Die Gelatine tropfnass in die Sahne-Milch geben und unterrühren, bis sie sich aufgelöst hat. Die Masse durch ein feines Sieb in 6 kalt ausgespülte Förmchen gießen. Im Kühlschrank vollständig abkühlen und fest werden lassen. Das dauert ca. 6 Stunden.
Für die Sauce die Erdbeeren putzen, klein schneiden und mit dem Zucker vermischen. Die Früchte vor dem Servieren pürieren.
Die Panna cotta auf Teller stürzen. Dafür evtl. die Förmchen kurz in heißes Wasser tauchen. Mit Erdbeersauce umgießen und mit Zitronenmelisseblättchen garniert servieren.

Waldmeister entwickelt sein Aroma am besten vor der Blüte und in leicht angewelktem Zustand.

Giersch ist ein hartnäckiges (Un-)Kraut, das wohl in keinem Schrebergarten geplant wächst. Die Wurzeln verzweigen sich unterirdisch und können sich im ganzen Garten ausbreiten, wenn man sie nicht ausgräbt. Selbst kleinste übersehene Wurzelstücke treiben neue Pflanzen aus. Daher nennt man Giersch auch ironisch „Gärtners Fleiß", erklärte uns Schrebergärtner Henning. Er hat sich mit seiner Anwesenheit abgefunden und das Beste daraus gemacht: von ihm stammt dieses Rezept. Fazit: Junge Gierschblätter schmecken gut!

GIERSCHTARTE

Für 1 Tarteform von 26 cm Ø

Für den Mürbeteig:
200 g Mehl
1 Prise Salz
80 g kalte Butter
3–4 EL Milch

Für den Belag:
3–4 Handvoll junge Gierschblätter
100 g Baconwürfel
1 Knoblauchzehe
1 TL Wein
3–4 Eier
200 ml süße Sahne
125 g geriebener Emmentaler
frisch gemahlener Pfeffer

Für den Teig das Mehl mit dem Salz mischen. Die Butter in Flöckchen hinzufügen. Die Milch zugeben. Alles schnell zu einem glatten Teig verkneten. Zur Kugel formen und abgedeckt für 30 Minuten kalt stellen.
Für den Belag den Giersch von harten Stängeln befreien. Die Blätter waschen, trocken schleudern und hacken.
Die Baconwürfel in einer Pfanne auslassen. Den Knoblauch schälen und dazupressen. Die Mischung mit dem Wein ablöschen und vom Herd nehmen. Die Eier mit Sahne und geriebenem Käse verrühren, pfeffern. Baconmischung und Giersch zugeben und unterrühren.
Den Backofen auf 180 °C (Ober-/Unterhitze) vorheizen. Den Teig auf einem Stück Backpapier rund ausrollen. Eine Tarteform (26 cm Durchmesser) damit auskleiden. Dabei einen Rand hochziehen und diesen gut andrücken. Überstehendes Backpapier mit einer Schere abschneiden. Den Teig mit einer Gabel mehrfach einstechen und im vorgeheizten Backofen auf mittlerer Schiene 10 Minuten vorbacken.
Den Belag auf dem vorgebackenen Teigboden verteilen. Die Tarte wieder in den Ofen schieben und in ca. 25 Minuten goldbraun backen. Herausnehmen und lauwarm oder kalt servieren.

SALAT MIT SPARGEL UND GARNELEN

Für den Salat:
500 g grüner Spargel
3 EL Olivenöl
100 g frische Garnelen
150 g Kirschtomaten
75 g Feta
40 g Pinienkerne

Für das Dressing:
3 EL Crema di Balsamico
1 TL Dijonsenf
1 TL Honig
1 Knoblauchzehe, zerdrückt
Salz und frisch gemahlener Pfeffer
3 EL Olivenöl

Für den Salat die Spargelstangen im unteren Drittel schälen, in Stücke von 3–4 cm Länge schneiden und in Olivenöl braun anbraten. Herausnehmen und beiseitestellen. Im selben Öl die Garnelen anbraten, dann herausnehmen und beides auf Küchenpapier entfetten.
Die Kirschtomaten halbieren. Den Feta würfeln. Die Pinienkerne in einer Pfanne ohne Fett goldbraun rösten.
Für das Dressing die Balsamico-Creme mit Senf, Honig und Knoblauch verrühren, salzen und pfeffern. Das Olivenöl tröpfchenweise unterschlagen, sodass eine Emulsion entsteht.
Spargel, Tomaten, Feta und Garnelen auf einer Platte anrichten. Den Salat mit Pinienkernen bestreut und mit Dressing beträufelt servieren. Oder das Dressing extra zum Salat reichen, damit jeder sich selbst bedienen kann.

Grüner Spargel und Garnelen bilden farblich und geschmacklich eine tolle Kombination. Durch das Anbraten wird der Eigengeschmack von beiden Zutaten besonders intensiv.

KRÄUTERBUTTER

5 Stängel glatte Petersilie
10 Stängel Schnittlauch
3 Stängel Dill
1 kleine frische Knoblauchzehe
½ TL Meersalz
½ TL abgeriebene Bio-Zitronenschale
125 g weiche Butter

Die Kräuter verlesen, waschen und trocken schütteln. Von groben Stängeln befreien und fein hacken. Knoblauch schälen, mit dem Meersalz zu einer Paste verreiben. Kräuter, Knoblauchsalz und Zitronenschale zur weichen Butter geben. Alles gut vermengen, in ein Schälchen füllen und glatt streichen. Die Oberfläche nach Belieben mit einem Messer verzieren. Die Kräuterbutter bis zum Verzehr kalt stellen.

Diese Kräuterbutter ist herrlich frisch und zitronig. Sie schmeckt gut zu kurz gebratenem Fleisch, zu Fisch oder zu Pellkartoffeln – oder einfach auf einer Scheibe Brot.

Sie können die Kräuter beliebig variieren. Auch Estragon, Kresse oder Basilikum machen sich gut darin. Weiterhin kann für eine raffinierte Variante die Zitronenschale durch Orangenschale ersetzt werden.

POLNISCHER GURKENSALAT

1 Salatgurke
4 Stängel Dill
8–10 Stängel Schnittlauch
2 EL Schmand
Salz und frisch gemahlener Pfeffer

Die Gurke putzen und mit oder ohne Schale in feine Scheiben schneiden (das geht gut mit einem Käsehobel). Dill und Schnittlauch waschen und trocken schütteln. Den Dill von groben Stängeln befreien und fein hacken. Schnittlauch verlesen und in Röllchen schneiden. Beides mit dem Schmand in einer Schüssel verrühren, salzen und pfeffern. Das Dressing mit den Gurkenscheiben gut vermengen. Kurz vor dem Servieren noch einmal durchmischen, da die Gurken beim Durchziehen Saft abgeben.

Dieser sehr frische Salat kann im Sommer mit eigenen Gartengurken zubereitet werden. Er passt gut zu Grillfleisch und Fischgerichten, zu Pellkartoffeln oder Nudelgratin.

HOLUNDERBLÜTEN SIRUP

12–15 Holunderblütendolden
1,2 kg Zucker
1 Bio-Zitrone
30 g Zitronensäure (6 Päckchen)

Holunderblütendolden pflücken und, wenn nötig, reinigen (ggf. kurz in kaltem Wasser schwenken), den Stiel knapp über der Dolde einkürzen. Den Zucker mit 1,5 l Wasser in einem Topf verrühren, aufkochen und 5 Minuten kochen lassen. Vorm Herd nehmen und lauwarm abkühlen lassen.

Die Zitrone heiß abwaschen und in Scheiben schneiden. Die Blütendolden in eine große Schüssel geben, die Zitronenscheiben darauf verteilen und die Zitronensäure darüberstäuben. Das Ganze mit dem Zuckersirup übergießen, abdecken und mindestens 48 Stunden im Kühlschrank durchziehen lassen. Danach die Flüssigkeit durch ein sauberes Tuch in einen Topf gießen, erneut aufkochen und einige Minuten kochen lassen. Vorsichtig in vorbereitete Flaschen füllen und gut verschließen. Der Sirup hält sich abgekühlt im Kühlschrank mehrere Monate.

Am besten eignen sich Twist-off-Flaschen oder solche mit Bügelverschluss. Diese sollten sauber und staubfrei sein. Vor dem Einfüllen des Sirups einmal mit kochendem Wasser ausspülen. Beim Einfüllen (mit einem Trichter) darauf achten, dass der Rand der Flasche und der Deckel nicht berührt werden.

Holunder wächst überall. Wenn nicht im eigenen Garten, dann wahrscheinlich im Grünstreifen um die Anlage. Holunderblütensirup kann mit Sekt oder Prosecco aufgegossen werden (Hugo) oder einfach mit Wasser. Er aromatisiert Panna cotta oder Zitroneneis. Lassen Sie Ihrer Experimentierfreude freien Lauf!

PARMESAN-ROSMARIN CRACKER

125 g Mehl
60 g Butter
60 g saure Sahne
½ TL Salz
frisch gemahlener Pfeffer
60 g geriebener Parmesan
5 Stängel Rosmarin
1 Eiweiß
1–2 TL Meersalz

Das Mehl mit Butter, Sahne, Salz, Pfeffer und Parmesan zu einem glatten Teig verkneten. Zu einer Rolle von ca. 4 cm Durchmesser formen und abgedeckt für 30 Minuten kalt stellen.
Den Rosmarin waschen, trocken tupfen, die Nadeln von den Stängeln streifen und hacken.
Den Backofen auf 200 °C (Ober-/Unterhitze) vorheizen. Die Teigrolle aus dem Kühlschrank nehmen und in ca. 4 mm dicke Scheiben schneiden. Diese auf ein mit Backpapier ausgelegtes Backblech legen und mit Eiweiß bestreichen. Jedes Plätzchen mit ein wenig Rosmarin und Meersalz bestreuen. Die Cracker im vorgeheizten Backofen auf oberster Schiene 12–15 Minuten backen. Herausnehmen und abkühlen lassen. Bis zum Verzehr in einer Blechdose aufbewahren.

Diese Cracker passen natürlich genauso gut in den Sommer und können auch im Winter noch mit getrocknetem Rosmarin zubereitet werden. Wir haben sie für unser Buffet zum Ersten Mai zubereitet und zur Maibowle geknabbert.

Gartenkunst im doppelten Wortsinn

Bei Streifzügen durch Schrebergartenanlagen treffen Spaziergänger und Besucher immer wieder auf überraschend kreative Einfälle, ja, wahre Kunst!

Die Skulpturen und Installationen in den Gärten scheinen oft aus einer spontanen Laune heraus entstanden zu sein. Ein ausgedienter Durchschlag wird zum Hut für eine skurrile Vogelscheuche, die hübschen Früchte der Lampionblume werden zum Mobile, Wollreste in Regenbogenfarben zum Kleid für einen Apfelbaum. Manches wirkt wie zufällig drapiert, wie der einfarbige Gartenzwerg oder die roten Emailbecher auf farblich passender Fensterbank. Oder etwas Zweckmäßiges wird zum Kunstgegenstand, wie die Wetterfahne aus Draht und Blech oder die Blumenkübel mit dem folkloristischen Pflanzenschmuck.

Es scheint, als würde die Gestaltung des Gartens allein den Kunstschaffenden nicht genügen, um sich kreativ auszutoben, es bleibt noch Energie und Schaffenslust für Dinge, die keinem weiteren Zweck dienen als der Freude am Anblick.

MAIRÜBCHEN CREMESUPPE

600 g Mairübchen
400 g Kartoffeln
1 Knoblauchzehe
2 EL Butter
600 ml Gemüsebrühe
250 ml süße Sahne
Salz
frisch gemahlener Pfeffer
Saft von ½ Zitrone
Gartenkresse zum Bestreuen

Die Mairübchen putzen, schälen und würfeln. Die Kartoffeln schälen, waschen und ebenfalls würfeln. Knoblauch schälen und hacken. Butter in einem Topf zerlassen, Rüben- und Kartoffelwürfel mit dem Knoblauch darin 5 Minuten anschwitzen. Mit heißer Gemüsebrühe ablöschen und ca. 20 Minuten kochen lassen. Die Suppe pürieren. Die Sahne halb steif schlagen und unterziehen. Mit Salz, Pfeffer und Zitronensaft würzen. Die Suppe in Schalen füllen und mit Kresseblättchen bestreut servieren.

Die Mairübe ist eng mit dem Teltower Rübchen und der Steckrübe verwandt. Unter den Speiserüben ist sie die zarteste mit einer ganz leichten Schärfe. Zwar trägt sie ihren Namen nach dem Erntemonat Mai, man kann sie aber das ganze Jahr über anbauen. Wenn aber die erste Aussaat im März erfolgt, sind im Mai die ersten Rübchen reif. Sie sollten geerntet werden, bevor sie einen Durchmesser von 10 cm überschreiten, danach könnten sie holzig werden.

Die angegebenen Zutatenmengen reichen für eine Vorsuppe. Für eine Hauptspeise die anderthalbfache Menge der Zutaten verwenden.

Rhabarber ist sehr sauer und daher pur kaum genießbar. In einer süßen Umgebung jedoch wird er zur Delikatesse. Hier ist es das zuckrige Baiser, das den Rhabarber zähmt. Für Kompotte und Konfitüren wird Rhabarber gerne mit Erdbeeren gemischt.

RHABARBERKUCHEN MIT BAISER

Für 1 Springform von 28 cm Ø

Für den Rührteig:
125 g weiche Butter
125 g Zucker
1 Prise Salz
4 Eigelb
2 Eier
200 g Mehl
½ TL Backpulver

Für den Belag:
500 g Rhabarber
4 Eiweiß
1 Prise Salz
150 g Zucker
4 Zwiebäcke

Außerdem:
Butter für die Form

Für den Teig die Butter mit Zucker und Salz so lange rühren, bis eine dick-schaumige Creme entstanden ist. Nach und nach Eigelbe und Eier einarbeiten. Zum Schluss Mehl und Backpulver mischen und unterrühren. Eine Springform von 28 cm Durchmesser gut einfetten.

Für den Belag den Rhabarber putzen, abfädeln und in ca. 1 cm breite Stücke schneiden. Den Backofen auf 180 °C (Ober-/Unterhitze) vorheizen. Den Teig in die gebutterte Springform füllen und glatt streichen. Die Rhabarberstücke obenauf verteilen. Den Kuchen im vorgeheizten Backofen auf mittlerer Schiene 40 Minuten backen. Inzwischen die Eiweiße mit dem Salz zu steifem Schnee schlagen. Den Zucker dabei nach und nach einrieseln lassen. Die Zwiebäcke klein brechen, in einen Gefrierbeutel geben und diesen gut verschließen. Die Zwiebäcke mit einer Teigrolle zu feinen Bröseln mahlen und unter den Eischnee heben.

Den Kuchen nach der Backzeit herausnehmen. Die Baisermasse mit einem Teigschaber obenauf dekorativ verteilen. Zurück in den Ofen schieben und weitere 15 Minuten backen. Den fertigen Kuchen herausnehmen, etwas abkühlen lassen und aus der Form lösen. Mit einem scharfen Messer in Stücke schneiden, dabei die Klinge immer wieder abwischen und in kaltes Wasser tauchen. Den Rhabarberkuchen mit Schlagsahne genießen.

FRÜHLINGS TARTE-TATIN

Für 1 Tarteform von 28 cm Ø

Für den Teig:
180 g Mehl
80 g kalte Butter
½ TL Salz
1 Ei
3 EL Milch
25 g gemischte Kerne
(fertige Mischung)

Für den Belag:
350 g grüner Spargel
100 g Kirschtomaten
4 Frühlingszwiebeln
Salz
frisch gemahlener Pfeffer
Butter und 1 Prise Zucker für die Form
100 g Baconscheiben

Für den Teig das Mehl in eine Schüssel geben. Die Butter in Flöckchen darauf verteilen. Salz, Ei, Milch und Kerne zugeben und alles zu einem glatten Teig verkneten. Zur Kugel formen, und für 30 Minuten abgedeckt kalt stellen.

Inzwischen für den Belag die Spargelstangen im unteren Drittel schälen und in 3-4 cm lange Stücke schneiden. Die Spargelstücke 1 Minute in kochendem Salzwasser blanchieren. Herausnehmen und abtropfen lassen.

Die Kirschtomaten halbieren. Frühlingszwiebeln waschen, putzen und in Röllchen schneiden.

Den Backofen auf 200 °C (Ober-/Unterhitze) vorheizen. Die Tarteform mit Backpapier auslegen, dieses mit Butter einstreichen und mit Zucker bestreuen. Mit Spargel, Tomaten und Frühlingszwiebeln dekorativ belegen. Den Teig in passender Größe ausrollen, auf das Gemüse legen und mehrfach mit einer Gabel einstechen. Die Tarte im vorgeheizten Backofen auf mittlerer Schiene 30 Minuten backen. Inzwischen die Baconstreifen dritteln und in einer beschichteten Pfanne ohne Fett knusprig ausbraten. Herausnehmen und beiseitestellen.

Die fertige Tarte ein paar Minuten abkühlen lassen. Dann eine passend große runde Platte auf die Form legen und die Tarte stürzen. Salzen, pfeffern und mit Bacon belegt servieren.

Grüner Spargel kann leicht im eigenen Anbau gezogen und kann über viele Jahre jedes Frühjahr geerntet werden. Die Mengen sind natürlich nicht so riesig, daher ist es gut, ihn mit anderen Zutaten gemischt zuzubereiten, um eine ordentliche Mahlzeit zu erhalten.

Hier zählt der pure, reine Erdbeergeschmack. Mögliche Varianten wären Erdbeer-Rhabarber (dafür die Hälfte der Erdbeeren durch Rhabarber ersetzen), Erdbeer-Vanille oder Erdbeer-Minze. Mit Gelierzucker 3:1 und 2:1 ist der Fruchtgehalt zwar höher, der Zuckeranteil reicht aber für eine längere Haltbarkeit nicht aus. Daher sind künstliche Konservierungsstoffe zugefügt. Außerdem verliert die Konfitüre mit diesen Zuckersorten schneller ihre leuchtende Farbe.

Glasränder und Deckel müssen beim Einfüllen sauber bleiben. Daher am besten einen Messbecher mit Ausguss zu Hilfe nehmen. Damit kann man besser zielen!

ERDBEERKONFITÜRE

1 kg Erdbeeren
Saft von 1 Zitrone
1 kg Gelierzucker 1:1

Die Erdbeeren putzen und vierteln. Mit Zitronensaft und Gelierzucker in einen großen Topf geben (er sollte nicht mehr als zur Hälfte gefüllt sein) und alles kräftig mit einem Holzlöffel durchrühren. Dabei die Erbeeren zerdrücken. Die Mischung ca. 1 Stunde stehen lassen. Inzwischen die Gläser vorbereiten. Dafür Twist-off-Gläser in der Spülmaschine reinigen, dann Gläser und Deckel kurz in kochend heißes Wasser legen. Die Gläser auf ein sauberes Geschirrtuch stellen und die passenden Deckel dazulegen. Dabei weder den Glasrand noch die Deckel-Innenseite berühren.
Die Erdbeer-Zucker-Mischung unter Rühren zum Kochen bringen und 3 Minuten sprudelnd kochen lassen, dabei immer weiterrühren. Die Konfitüre kochend heiß in die Gläser füllen, mit dem Deckel verschließen und auf den Kopf stellen. Nach ca. 1 Stunde umdrehen und bis zum Verzehr an einem kühlen, dunklen Ort lagern.

SOMMER

Beeren, Tomaten, Gurken, Zucchini und viele andere Obst- und Gemüsesorten reifen nun und wollen geerntet werden. Aber Sommerzeit ist auch Urlaubszeit und der Garten wird für viele zur Oase der Entspannung, zum Treffpunkt mit Freunden für Grillabende und gemeinsames Kaffeetrinken. Kuchen mit Obst aus eigenem Anbau inbegriffen, versteht sich.

Wahre Schrebergartenseligkeit stellt sich im Sommer ein: wenn die Laube zur Außenwohnstelle wird und wir an lauschigen Abenden bis spät in die Nacht im Freien sitzen können. Sterne begucken, Bierchen oder Weinchen trinken, Grillenzirpen lauschen.
Jeden Tag reift etwas Neues heran, wir brauchen nur die Hand danach auszustrecken. Ist das nicht wie im Paradies? Wenn man Mangold und Tomaten hat, braucht man da noch Mallorca oder Teneriffa? Wenn man Kirschen pflücken kann, muss man da noch Kirchen gucken?
Der Duft nach frisch Gegrilltem weht von jeder zweiten Parzelle herüber. Freunde werden eingeladen, Familienfeste gefeiert, die Früchte der Arbeit genossen.
Wir haben viele Schrebergärten besucht, deutsche, portugiesische, türkische und polnische Gärtnerinnen und Gärtner nach ihren Rezepten gefragt und viele kulinarische Sommer-Ideen gesammelt: kalte Suppen, mediterrane Gemüsegerichte, Beilagen zu Grillfleisch, erfrischende Desserts, fruchtige Kuchen. Das meiste kann gut transportiert werden und eignet sich bestens für ein Picknick, sei es im eigenen Garten oder in dem von Freunden.

Tomatencrostini gehören zu den klassischen italienischen Antipasti. Die Brotscheiben sind hier deutlich kleiner als bei der Bruschetta (sprich: Brusketta), die aber ansonsten genauso zubereitet wird.

Je kleiner und aromatischer die Tomaten, desto besser der Geschmack. Achten Sie auf eine intensiv rote Farbe!

TOMATENCROSTINI

300 g aromatische Tomaten
1 Schalotte
1 Handvoll Basilikumblättchen
3–4 EL natives Olivenöl
Salz
frisch gemahlener Pfeffer
1 Ciabatta-Brot
1 Knoblauchzehe

Die Tomaten sehr klein würfeln, dabei vom Stielansatz befreien. Die Schalotte schälen und fein hacken. Basilikumblättchen waschen, trocken tupfen und in feine Streifen schneiden. Tomaten, Schalotte und Basilikum mit dem Olivenöl mischen, salzen und pfeffern.
Die Ciabatta in dünne Scheiben schneiden und diese auf dem Grill oder im Toaster beidseitig rösten. Die Knoblauchzehe schälen, quer halbieren und die gerösteten Brotscheiben damit einreiben.
Auf jede Brotscheibe etwas von dem Tomatenmix geben und sofort genießen. Die Crostini schmecken am leckersten, wenn sie noch schön knusprig sind.

DICKE BOHNEN MIT PECORINO

1 kg dicke Bohnen in der Schote
1 TL Meersalz
2 EL natives Olivenöl
1 Spritzer Zitronensaft
2 EL gehackte Petersilie
50 g Pecorino

Die dicken Bohnen palen. Die Kerne in kochendem Wasser 2 Minuten blanchieren. In ein Sieb abgießen, abschrecken, abkühlen lassen und die Kerne aus den weißen Häutchen drücken.

Die dicken Bohnen in einer kleinen Schüssel mit Meersalz, Olivenöl, Zitronensaft und Petersilie mischen. Den Pecorino in kleine Würfel schneiden und untermengen.

Dieses simple Antipasto schmeckt gut als kleiner Snack zum Wein abends im Garten oder auf dem Balkon ...

KALTE GURKENSUPPE

1 große Salatgurke
1 TL Salz
100 g Schmand
150 g Joghurt
10 Stängel Dill
frisch gemahlener Pfeffer
4 TL natives Olivenöl

Die Gurke schälen, halbieren und die Kerne mit einem Teelöffel entfernen. Dann würfeln, salzen und abgedeckt für 30 Minuten kühl stellen. Danach die entstandene Flüssigkeit von den Gurkenwürfeln abgießen.

In einer Schüssel den Schmand mit dem Joghurt glatt rühren. Die Gurkenwürfel zugeben. Den Dill waschen, trocken schütteln, von groben Stielen befreien und hacken. Etwas Dill für die Dekoration beiseitelegen, den Rest mit in die Schüssel geben und alles glatt pürieren. Mit Pfeffer würzen.

Die Gurkensuppe in vier Schalen füllen, jeweils 1 Teelöffel Olivenöl darauftäufeln und mit einer Gabel zu einer Spirale ziehen. Mit Dillfähnchen garniert servieren.

*An einem warmen Sommertag können wir von dieser erfrischenden Suppe gar nicht genug bekommen!
Wer möchte, kann noch eine geschälte Knoblauchzehe mitpürieren.*

Sehr lecker als Einlage schmecken frisch gepulte Nordseekrabben. Einfach ein paar in jede Suppenportion streuen.

Die Zubereitung der Panzanella braucht etwas Zeit. Aber wer den Salat einmal probiert hat, weiß, dass der Aufwand sich lohnt! Hier sind alle Aromen eines Sommers in Italien vereint …

Die angegebenen Mengen reichen für eine Vorspeise. Für ein Hauptgericht die Zutaten verdoppeln.

PANZANELLA
ITALIENISCHER BROTSALAT

1 rote Paprikaschote
1 gelbe Paprikaschote
250 g aromatische Tomaten
1 Knoblauchzehe
1 TL grobes Meersalz
2 EL weißer Balsamico
frisch gemahlener Pfeffer
60 ml natives Olivenöl
¼ altbackene Ciabatta
6–8 Stängel Basilikum
1 EL eingelegte Kapern
40 g entsteinte schwarze Oliven

Den Grill des Backofens vorheizen. Die Paprikaschoten halbieren, von Samen und Scheidewänden befreien und mit den Schnittflächen nach unten auf ein mit Backpapier ausgelegtes Backblech legen. Unter dem Backofengrill rösten, bis die Haut schwarz wird und Blasen wirft. Die Schoten herausnehmen, etwas abkühlen lassen, häuten und in Streifen schneiden. Dabei austretenden Saft auffangen.
Die Tomaten quer halbieren und aushöhlen. Das Innere in einer Schüssel auffangen. Das Fruchtfleisch in Streifen schneiden. Das Tomateninnere pürieren und durch ein Sieb streichen.
Knoblauch schälen, klein schneiden und mit dem Meersalz im Mörser zu einer Paste verreiben. Tomatensaft und Paprikasaft mischen, Knoblauchpaste, Essig und Pfeffer unterrühren. Das Olivenöl nach und nach unterschlagen.
Die Ciabatta würfeln. Basilikum waschen, trocken tupfen, die Blättchen von den Stängeln zupfen und in Streifen schneiden.
In einer Schüssel Paprika- und Tomatenstreifen mit Brotwürfeln und Basilikum mischen. Die abgetropften Kapern und Oliven unterrühren. Alles mit dem Dressing übergießen und gut mischen.
Den Salat mindestens 1 Stunde im Kühlschrank durchziehen lassen, dabei gelegentlich wenden. Servieren, wenn der Salat gut durchgezogen ist und die Brotwürfel sich wie kleine Schwämme mit dem Dressing vollgesogen haben.

MIRABELLEN PFANNKUCHEN

500 g Mirabellen
4 Eier
250 g Mehl
1 Prise Salz
½ l Milch
4 EL Zucker
½ TL Zimt
Fett zum Braten

Die Mirabellen halbieren und entsteinen. Die Eier mit Mehl, Salz und Milch zu einem sämigen Pfannkuchenteig rühren. Den Teig 20 Minuten ruhen lassen. Zucker und Zimt in einem Schälchen mischen. Fett in einer beschichteten Pfanne erhitzen. Ungefähr ein Viertel der Mirabellenhälften mit der Schnittfläche nach unten darin anbraten. Wenden und eine große Kelle Pfannkuchenteig vorsichtig in die Pfanne gießen. Die Pfanne schwenken, bis der Teig sich gut verteilt hat. Den Pfannkuchen bei mittlerer Hitze von einer Seite braun braten, dann mithilfe eines großen Tellers wenden und die andere Seite braten. Das dauert 6–8 Minuten. Den fertigen Pfannkuchen auf einen Teller gleiten lassen, mit Zimtzucker bestreuen und sofort genießen. Auf die gleiche Weise drei weitere Pfannkuchen backen.

Statt der Mirabellen können auch Apfel- oder Birnenspalten, Zwetschgen, Kirschen, Brombeeren oder Blaubeeren im Pfannkuchenteig gebacken werden.

Obstpfannkuchen sind eine schnell zubereitete vollwertige Mahlzeit und bei Kindern und Erwachsenen gleichermaßen beliebt.

Die Salate können natürlich auch einzeln zubereitet und zu jeder Art von Fleisch und Fisch als Beilage gereicht werden.

DREIMAL ROHKOST

Für Möhrenrohkost mit Sesam:
400 g Möhren
1 Apfel
Saft von 1 Limette
Salz
2 EL Sesamsaat
1 EL Sesamöl

Für Rote-Bete-Rohkost mit Walnüssen:
400 g Rote Bete
1 Apfel
1 Handvoll Walnusskerne
2 EL Walnussöl
2 EL Balsamico
2–3 EL Apfelsaft
Salz
frisch gemahlener Pfeffer
1 EL gehackte Petersilie

Für Sellerie-Apfel-Rohkost mit Kürbiskernen:
ca. 300 g Knollensellerie
1 Apfel
Saft von 1 Zitrone
Saft von ½ Orange
1 gehäufter TL Dijonsenf
1 gehäufter TL körniger Senf
Salz
frisch gemahlener Pfeffer
ca. 2 EL Kürbiskerne

Für die Möhrenrohkost die Möhren putzen und schälen. Den Apfel schälen, vierteln und vom Kerngehäuse befreien. Beides raspeln, mit Limettensaft vermischen und salzen. Die Sesamsaat in einer Pfanne ohne Fett goldbraun rösten, vom Herd nehmen und abkühlen lassen. Den Salat mit Sesamöl und geröstetem Sesam vermischen und bis zum Verzehr kalt stellen.

Für die Rote-Bete-Rohkost die Rote-Bete-Knollen schälen und vierteln. Apfel schälen, vierteln und vom Kerngehäuse befreien. Beides raspeln. Die Walnusskerne grob hacken und zugeben. Walnussöl, Balsamico und Apfelsaft mit Salz und Pfeffer verrühren und zum Salat geben. Die Petersilie untermischen und den Salat bis zum Verzehr kalt stellen.

Für die Sellerie-Apfel-Rohkost den Sellerie schälen und raspeln. Den Apfel ebenfalls schälen, vom Kerngehäuse befreien, raspeln und zum Sellerie geben. Zitronen- und Orangensaft mit den beiden Senfsorten, Salz und Pfeffer zu einem Dressing verrühren und untermischen.
Die Kürbiskerne in einer Pfanne ohne Fett goldbraun anrösten, etwas abkühlen lassen und zum Salat geben. Bis zum Verzehr kalt stellen.

GAZPACHO
KALTE GEMÜSESUPPE

1 rote Paprikaschote
1 gelbe Paprikaschote
500 g aromatische Tomaten
½ Salatgurke
2 Zwiebeln
1 Knoblauchzehe
1 TL Thymianblättchen
1 EL Basilikumblättchen
2 Scheiben Toastbrot
5–6 EL weißer Balsamico
7 EL natives Olivenöl
1 TL Meersalz
1 Prise Zucker

Den Grill des Backofens vorheizen. Die Paprikaschoten halbieren, putzen und mit der Schnittfläche nach unten auf ein mit Backpapier ausgelegtes Backblech legen. Unter dem Backofengrill grillen, bis die Haut schwarz wird und Blasen wirft. Dann herausnehmen und abkühlen lassen. Die Paprikaschoten häuten und in eine hohe Schüssel geben.
Die Tomaten klein schneiden, dabei vom Stielansatz befreien. Die Gurke schälen und würfeln. Zwiebeln und Knoblauch abziehen und klein schneiden. Alles in der Schüssel mit den Kräuterblättchen und den Paprikaschoten vermischen. Das Toastbrot würfeln und zugeben. Essig, 5 Esslöffel Olivenöl und 200 ml Wasser zufügen und alles mit dem Pürierstab fein pürieren. Den Gazpacho mit Meersalz und Zucker würzen und für ca. 30 Minuten kalt stellen. Dann in Schalen füllen und mit ein paar Tropfen Olivenöl beträufelt servieren. Dazu passt frisches Baguette.

Was die Panzanella (Rezept Seite 72) für Italien, ist der Gazpacho für Spanien. Die köstliche kalte Suppe aus rohem Gemüse ist maurischen Ursprungs und passt zu heißen Sommertagen wie kaum ein anderes Gericht. Sie lässt sich, in Flaschen gefüllt, gut transportieren.

Die Suppe kann in der Konsistenz sehr variieren, und je nach Geschmack dick- oder eher dünnflüssig sein. In Spanien wird der Gazpacho meist mit klein geschnittenem Gemüse, manchmal auch mit Croûtons bestreut serviert.

Schnüsch oder Schnüüsch stammt aus Schleswig-Holstein und wird dort im Sommer aus frischem Gartengemüse zubereitet. Als typische Beilage wird Holsteiner Katenschinken oder eingelegter Hering dazu gereicht.

SCHNÜSCH
SOMMER-GEMÜSE-EINTOPF

300 g neue Kartoffeln
Salz
600 g Erbsenschoten
(für 300 g gepalte Erbsen)
300 g Möhren
300 g Kohlrabi
250 g grüne Bohnen
4 Schalotten
1 Bund Petersilie
1 EL Margarine
250 ml Gemüsebrühe
3 EL Mehl
3 EL Butter
500 ml Milch
frisch geriebene Muskatnuss

Die Kartoffeln unter kaltem Wasser gründlich bürsten und in kochendem Salzwasser 20 Minuten garen. Inzwischen die Erbsen palen. Die Möhren und den Kohlrabi vom Grün befreien, putzen, schälen und in Stifte schneiden. Die Bohnen putzen. Die Schalotten schälen und würfeln. Die Kartoffeln abgießen, kalt abschrecken, ausdampfen lassen, pellen und in Scheiben schneiden. Die Petersilie waschen, trocken schütteln, einige Blättchen für die Dekoration beiseitelegen, den Rest von groben Stielen befreien und hacken.

Die Margarine in einem großen Topf zerlassen, die Schalottenwürfel darin anschwitzen und mit der Brühe ablöschen. Nun nacheinander die vorbereiteten Gemüsesorten zugeben und bissfest garen. Erst die Bohnen, 5 Minuten später die Möhren und den Kohlrabi, nach weiteren 5 Minuten die Erbsen. Wiederum 5 Minuten später die Kartoffelscheiben zugeben und nur noch kurz in der Suppe erhitzen.

Mehl und Butter zur Mehlbutter verkneten. Die Milch in einem kleinen Topf zum Kochen bringen, mit der Mehlbutter abbinden und mit Muskat würzen. Die gehackte Petersilie und die Milchsauce in den Eintopf rühren. Die Suppe in Teller schöpfen und mit Petersilienblättchen garniert servieren.

SIEBEN-GEMÜSE TAJINE

300 g Möhren
250 g weiße Rübchen
(ersatzweise 1 Kohlrabi)
300 g Spitzkohl
500 g Tomaten
2 Zucchini
1 Aubergine
1 rote Zwiebel
1 Chilischote
1 Döschen Safranfäden (0,2 g)
2 TL Raz-el-Hanout
Salz
frisch gemahlener Pfeffer
2 EL Butter oder 4 EL Olivenöl

Möhren und Rübchen putzen und schälen. Die Möhren in 2–3 cm lange Stücke schneiden, die Rübchen je nach Größe vierteln oder achteln. Den Kohl putzen und in 1 cm breite Streifen schneiden. Tomaten mit kochendem Wasser überbrühen, häuten und vierteln. Dabei vom Stielansatz befreien. Zucchini und Aubergine putzen und in mundgerechte Stücke schneiden. Die Zwiebel schälen und achteln.
Die Chilischote putzen, längs halbieren und von Samen befreien. Die Schote in Ringe schneiden. Den Safran mit 125 ml lauwarmem Wasser anrühren.
Möhren, Rübchen und Kohl mit Zwiebel, Chili und Safranwasser in einem Topf mischen, mit Raz-el-Hanout, Salz und Pfeffer würzen. Butter in Stücken oder Öl in den Topf geben. Alles zum Kochen bringen und das Gemüse zugedeckt bei mittlerer Hitze 10 Minuten köcheln lassen.
Dann das übrige Gemüse zugeben, alles durchrühren und weitere 15 Minuten garen, bis alles Gemüse gar ist. Die Tajine mit Salz und Pfeffer abschmecken. Dazu passt Couscous.

Als Tajine bezeichnet man in Algerien, Marokko und Tunesien sowohl ein Kochgeschirr aus Ton mit hohem, konisch geformtem Deckel als auch die darin zubereiteten Gerichte. Das Gargut wird in der Regel ohne zusätzliche Flüssigkeit hineingegeben. Der entstehende Dampf kühlt an der Innenseite des Deckels ab und tropft zurück auf das Gericht. Dadurch wird es sehr schonend gegart. Es gibt vegetarische Tajine-Rezepte und solche, die mit Huhn, Rind oder Lamm zubereitet werden. Häufig sind auch getrocknete Früchte wie Pflaumen, Aprikosen oder Rosinen mit von der Partie.

CLAFOUTIS KIRSCHAUFLAUF

500 g süße Kirschen
40 g Butter
100 g Mehl
60 g Zucker
1 Päckchen Vanillezucker
1 Prise Salz
4 Eier
200 ml Milch
Butter für die Form
Puderzucker zum Bestäuben

Die Kirschen entstielen, halbieren und entsteinen. Die Butter in einem kleinen Topf schmelzen, vom Herd nehmen und etwas abkühlen lassen. Das Mehl mit Zucker, Vanillezucker und Salz in einer Rührschüssel mischen. Die Eier nacheinander unterrühren. Die flüssige Butter zum Schluss in den Teig rühren.

Den Backofen auf 210 °C (Ober-/Unterhitze) vorheizen. Eine Auflaufform buttern. Die Kirschen darin verteilen und mit dem Eierteig übergießen. Den Auflauf im vorgeheizten Ofen auf mittlerer Schiene 10 Minuten garen, dann die Temperatur auf 180 °C reduzieren und weitere 20 Minuten backen. Den fertigen Kirschauflauf herausnehmen, lauwarm abkühlen lassen und mit Puderzucker bestäubt servieren.

Clafoutis ist in Frankreich ein beliebtes Dessert. Das klassische Rezept wird mit Kirschen zubereitet, er schmeckt aber auch mit Mirabellen, Aprikosen und Beeren aller Art superlecker.

Im Vergleich zum klassischen Kartoffelsalat sind hier viele frische Zutaten enthalten. Und durch den Joghurt bekommt er zusätzlich sommerliche Frische.

Gewürzgurken-Einlegewasser kann auch schon zu Anfang zu den in Scheiben geschnittenen Kartoffeln gegeben werden. Die saugen nämlich viel Flüssigkeit auf.

SOMMERLICHER KARTOFFELSALAT

500 g festkochende Kartoffeln
1 Schalotte
1 TL Salz
frisch gemahlener Pfeffer
5 EL Weißweinessig
4 Eier
½ Salatgurke
300 g Tomaten
10 Radieschen
1 Apfel
200 g Naturjoghurt
2 EL Mayonnaise
1 TL Dijonsenf
Gewürzgurken-Einlegewasser
4 EL Schnittlauchröllchen

Die Kartoffeln unter fließendem Wasser bürsten und in kochendem Wasser in 20–25 Minuten weich kochen. Abgießen, gründlich kalt abschrecken und vollständig abkühlen lassen. Dann pellen, in Scheiben schneiden und in eine Schüssel geben.
Die Schalotte schälen, würfeln, in ein Sieb geben und mit kochendem Wasser überbrühen. Zu den Kartoffeln geben. Salz, Pfeffer und Essig zugeben, alles gut durchmischen und 1 Stunde ziehen lassen.
Inzwischen die Eier in 8–10 Minuten hart kochen, gründlich kalt abschrecken, pellen und abkühlen lassen. Dann fein würfeln.
Die Gurke schälen und würfeln. Tomaten halbieren, vom Stielansatz befreien und ebenfalls würfeln. Die Radieschen gründlich waschen, putzen und in feine Scheibchen schneiden. Den Apfel schälen, vierteln, vom Kerngehäuse befreien und fein würfeln. Alle Zutaten zu den Kartoffeln geben. Joghurt mit Mayonnaise und Senf glatt rühren und zum Salat geben. Alles gut durchmischen. So viel Gewürzgurken-Einlegewasser zugeben, dass die Kartoffelscheiben nicht aneinanderkleben und der Salat schön saftig ist. Im Kühlschrank 1 Stunde durchziehen lassen. Mit Schnittlauchröllchen bestreut servieren.

MANGOLDTARTE MIT ZIEGENKÄSE

Für 1 Tarteform von 28 cm Ø

Für den Mürbeteig:
100 g kalte Butter
200 g Mehl
1 Prise Salz

Für den Belag:
500 g Mangold
1 Zwiebel
3 EL Olivenöl
200 ml süße Sahne
3 Eier
Salz
frisch gemahlener Pfeffer
frisch geriebene Muskatnuss
50 g geriebener Emmentaler
1 Ziegenfrischkäse

Für den Teig die kalte Butter in kleine Stücke schneiden und in eine Schüssel geben. Das Mehl zufügen und beides zunächst mit zwei Messern zerhacken und dann mit den Händen verreiben, bis eine sandartige Mischung entstanden ist. 50 ml Wasser und das Salz zufügen und alles zu einem glatten Teig verkneten. Zur Kugel formen und abgedeckt im Kühlschrank 30 Minuten ruhen lassen.

Den Backofen auf 200 °C (Ober-/Unterhitze) vorheizen. Den Teig auf einem Stück Backpapier rund ausrollen und eine Tarteform von 28 cm Durchmesser damit auslegen. Den Rand gut andrücken. Den Teig mit einer Gabel mehrfach einstechen. Überstehendes Backpapier abschneiden. Den Boden im vorgeheizten Backofen auf der mittleren Schiene 20 Minuten blindbacken.

Für den Belag den Mangold putzen. Die Blätter von den Stielen trennen. Beides klein schneiden. Die Mangoldstiele in kochendem Salzwasser 15 Minuten garen, abgießen und abtropfen lassen. Die Zwiebel schälen und würfeln.

Olivenöl in einer Pfanne erhitzen, die Zwiebel darin anschwitzen. Die Mangoldblätter zugeben und zusammenfallen lassen. Die Mangoldstiele unterrühren. Die Sahne mit den Eiern verquirlen, mit Salz, Pfeffer und Muskat würzen. Das Gemüse vom Herd nehmen, die Eiersahne und den geriebenen Käse unterrühren.

Den Ziegenkäse in dünne Scheiben schneiden und auf dem vorgebackenen Boden verteilen. Die Mangoldmischung darübergeben. Die Tarte bei 200 °C etwa 25 Minuten backen, bis die Oberfläche goldbraun ist. Herausnehmen und heiß oder lauwarm servieren.

Der hier verwendete Mangold ist eine Sorte mit sehr breiten, festen Stielen. Bei Varianten mit dünnen und zarten Stielen entfällt das Trennen von Blättern und Stielen und das Vorgaren Letzterer.

PASTASALAT

500 g Penne
Salz
3 EL Pinienkerne
1 Zucchini
2 EL Olivenöl
100 g schwarze Oliven ohne Stein
frisch gemahlener Pfeffer
1 Glas rotes Pesto (190 g)
3 EL gehackte Basilikumblättchen
Basilikumblättchen für die Dekoration

Die Penne in kochendem Salzwasser nach Packungsanweisung bissfest garen. Beim Abgießen etwas von dem Kochwasser auffangen.
Die Pinienkerne in einer Pfanne ohne Fett goldbraun rösten. herausnehmen und beiseitestellen. Die Zucchini putzen, längs vierteln und in schmale Scheiben schneiden.
Olivenöl in einer Pfanne erhitzen. Die Zucchinischeibchen darin goldbraun anbraten. Die Oliven klein schneiden, zugeben und alles mit Salz und Pfeffer würzen, vom Herd nehmen und abkühlen lassen.
In einer großen Schüssel das Pesto mit etwas Nudelkochwasser verrühren, bis es die Konsistenz eines Salatdressings hat. Nudeln, Pinienkerne, Basilikum und die Zucchini-Oliven-Mischung zugeben. Alles gut mischen und zugedeckt im Kühlschrank 1 Sunde durchziehen lassen. Vor dem Servieren noch einmal durchrühren. Mit Basilikumblättchen dekoriert servieren.

Der Pastasalat lässt sich sehr gut vorbereiten, macht sich gut auf einem Salatbuffet, beim Grillen und beim Picknick.

Rotes Pesto wird aus getrockneten Tomaten zubereitet. Wer möchte, kann einige in schmale Streifen geschnittene getrocknete Tomaten zusätzlich unter den Salat mischen.

Zwischen Türkei und Portugal

Laura und Bruno verbringen ihren allerersten Sommer im eigenen Schrebergarten. Sie haben die Parzelle von einer türkischen Familie übernommen und freuen sich über den schattigen Sitzplatz unter einer Pergola aus dicken Weinreben. Es handelt sich um eine Sorte, die speziell für ihre Blätter gezüchtet wurde, die man in der türkischen (und griechischen) Küche zum Einlegen und Füllen verwendet. Direkt nebenan gärtnert seit Jahrzehnten eine portugiesische Familie. Praktisch: Da Bruno ebenfalls Portugiese ist, können über den Zaun Gartenwissen und Rezepte aus der neuen und der alten Heimat in der Muttersprache ausgetauscht werden.

Kirschen, Himbeeren und Klaräpfel sind schon reif, die erste eigene Ernte für die frischgebackenen Schrebergärtner. Sie selbst wollen Gemüse anbauen, vor allem Zucchini, Tomaten und Kürbis, aus dem ein traditionelles portugiesische Weihnachtsgebäck hergestellt wird (Rezept Seite 173). Außerdem soll der Garten Treffpunkt für Freunde und Familie werden, eine kleine Oase im Stadtleben und ein grüner Spielplatz für Söhnchen Carlo.

HIMBEER CHEESECAKE

Für 1 Springform von 28 cm Ø

Für den Boden:
100 g Butter
200 g Vollkornbutterkekse

Für den Guss:
300 g Himbeeren
2 TL Speisestärke
200 g Himbeerkonfitüre

Für die Quarkmasse:
750 g Quark
300 g Frischkäse
100 g Zucker
2 Päckchen Bourbon-Vanillezucker
2 Eier
50 g Mehl
1 TL abgeriebene Bio-Orangenschale

Außerdem:
Butter für die Form
2 Handvoll Himbeeren zum Bestreuen

Die Himbeeren waschen, abtropfen lassen, mit der Speisestärke und der Konfitüre in einen Topf geben und unter Rühren einmal aufkochen lassen.
Den Backofen auf 180 °C (Ober-/Unterhitze) vorheizen. Die Butter zerlassen. Die Kekse in einen Gefrierbeutel geben und mit der Teigrolle zu feinen Bröseln zermahlen. Die Brösel mit der Butter mischen und in eine gefettete Springform geben. Mit einem Löffelrücken gut andrücken. Den Boden im vorgeheizten Ofen auf der untersten Schiene 10 Minuten backen.
Den Quark mit dem Frischkäse, Zucker und Vanillezucker mit dem Handrührgerät auf niedriger Stufe 5 Minuten cremig rühren. Eier, Mehl und Orangenschale zugeben und kurz unterrühren.
Die Hälfte der Quarkmasse auf den vorgebackenen Boden geben.
Die Hälfte der Himbeermasse darauf verteilen. Die restliche Quarkmasse vorsichtig darüberstreichen. Die verbliebene Himbeermasse punktuell obenauf geben und mit einem Holzstäbchen marmorieren. Im vorgeheizten Ofen wie oben 50 Minuten backen. Danach den Kuchen 10 Minuten im ausgeschalteten Ofen ruhen lassen. Herausnehmen und in der Form auf einem Gitter über Nacht abkühlen lassen.
Den Cheesecake vor dem Anschneiden mit den verbliebenen Himbeeren bestreuen.

Cheesecake ist ein bisschen eine Modeerscheinung, zugegeben. Und die Quarkmasse unterscheidet sich auch nicht bahnbrechend von der, die auf Käsekuchen zu finden ist. Was uns bei diesem Rezept gut gefällt, ist allerdings der Bröselboden. Und das Himbeer-Marmormuster ist ungemein dekorativ.

Für dieses Eis am Stiel braucht man keine Eismaschine. Eine perfekte Erfrischung an heißen Tagen.

Die Früchte und der Zuckeranteil können beliebig variiert werden. Bei süßerem Obst, wie Himbeeren oder Erdbeeren, braucht man weniger Zucker. Einfach probieren. Erlaubt ist, was gefällt!

JOHANNISBEEREIS AM STIEL

Für 6 Eis am Stiel:
300 g Naturjoghurt
4 EL flüssiger Honig
100 ml süße Sahne
200 g Johannisbeeren
1 Orange
1–2 EL Zucker
6 Formen für Eis am Stiel aus Metall oder Plastik
Holzstäbchen

Am Vortag den Joghurt mit dem Honig verrühren. Die Sahne steif schlagen und unterheben
Die Johannisbeeren waschen, von den Rispen streifen und verlesen. Die Orange auspressen, den Saft mit dem Zucker zu den Johannisbeeren geben und zusammen fein pürieren.
Die Hälfte der Fruchtmasse auf die Eisformen verteilen. Darüber die Hälfte der Joghurtmischung. Den Vorgang wiederholen. Die Deckel aufsetzen und je einen Holzstiel in die Form schieben. Das Eis über Nacht im Eisschrank gefrieren lassen. Es hält sich darin viele Wochen. Vor dem Verzehr herausnehmen und etwas antauen lassen. Dann lässt sich das Eis besser aus der Form lösen. Oder die Form kurz in heißes Wasser tauchen.

HIMBEERLASSI

300 g Himbeeren
2 EL Minzeblättchen
1 Bio-Orange
2 Päckchen Vanillezucker
300 ml Mineralwasser
300 g Naturjoghurt
4 EL blütenzarte Haferflocken
Minzeblättchen für die Dekoration

Die Himbeeren putzen. Die Minzeblättchen waschen und trocken tupfen. Die Orange heiß abwaschen, trocken reiben und die Schale dünn abreiben, bis die Menge etwa 2 Teelöffeln entspricht. Die Frucht halbieren und auspressen. Himbeeren, Minzeblättchen, Orangensaft und -schale, Vanillezucker, Mineralwasser, Joghurt und Haferflocken zusammen im Mixer fein pürieren. Den Lassi bis zum Verzehr kalt stellen. Kurz vorher noch einmal schaumig aufmixen. Auf Gläser verteilen und mit Minzeblättchen dekoriert servieren.

Für den Lassi können auch gut gefrorene Himbeeren verwendet werden, sie müssen dafür nicht einmal aufgetaut werden.

Der Lassi schmeckt gut zum Frühstück oder kann das Frühstück sogar ersetzen. Probieren Sie Variationen mit Banane oder ersetzen Sie die Himbeeren durch Erdbeeren. Der Fantasie sind da keine Grenzen gesetzt.

ROSENSIRUP

Für ca. 1,5 l Sirup:
1 kg Zucker
1 l Rosenblütenblätter
2 Bio-Zitronen
1 Vanilleschote
1 Päckchen Zitronensäure

Den Zucker mit 1 l Wasser in einem Topf 10 Minuten kochen lassen, bis die Zuckerkristalle sich aufgelöst haben. Vom Herd nehmen und vollständig abkühlen lassen.
Die Rosenblütenblätter in ein großes Glasgefäß geben. Die Zitronen heiß abwaschen und in dünne Scheiben schneiden. Die Vanilleschote längs aufschlitzen und das Mark herauskratzen. Zitronenscheiben, Vanillemark und -schote, Zitronensäure und die Zuckerlösung zu den Rosenblättern geben. Alles gut durchrühren und 1 Woche an einem kühlen Ort (am besten im Kühlschrank) zugedeckt durchziehen lassen. Danach den Sirup durch ein sauberes Küchentuch abseihen, in einen Topf geben und einmal aufkochen lassen. In mit kochendem Wasser ausgespülte Bügel- oder Twist-off-Flaschen füllen und sofort verschließen. Der Rosensirup hält sich an einem kühlen und dunklen Ort ca. 1 Jahr.

Melanie, die uns ihr Rezept für Rosensirup verraten hat, verwendet ihn zu Eis und anderen Desserts, mischt ihn in Tee, Sekt oder kaltes Mineralwasser (jeweils 1 Teelöffel Sirup mit Sekt oder Wasser aufgießen).

Je farbiger die Blütenblätter, desto schöner die Farbe des Sirups. Rote und rosa Blüten eignen sich besonders gut. Achten Sie darauf, dass die Blüten einen intensiven Duft verströmen. Es gibt spezielle Duftrosensorten, aber auch alte Rosensorten und englische Rosen duften oft intensiv.

Wellness-Oasen für gefiederte Gäste

Gartenfreunde sind in aller Regel auch Vogelfreunde. Und so geben sie sich alle Mühe, die gefiederten Flügelwesen anzulocken. Nistkästen und Futterhäuser sollen in den Gärten Meisen, Rotkehlchen, Amseln, Grünfinken, Buchfinken und Dompfaffe anlocken. Da gibt es fantasievolle Behausungen von der Kaffeekanne über das Landhaus bis zum Wohnwagen. Viele sind selbst gebaut oder zumindest selbst bemalt.

Fast ebenso wichtig wie Nist- und Futterplätze sind Vogeltränken und -bäder. Die werden an schattigen Plätzen aufgestellt, denn in trockenen Sommermonaten finden Vögel oft nicht ausreichend zu trinken. Da freuen sie sich über eine flache Schale mit frischem Wasser. Heimische, früchtetragende Sträucher sorgen für ein zusätzliches Nahrungsangebot. Ebenso wie die Samenstände von Blühpflanzen, die dafür extra nicht abgeschnitten werden, oder Haufen von Blättern oder Reisig, die im Winter nicht weggeräumt werden. Darunter suchen Amseln und Rotkehlchen gerne nach Würmern und Insekten.

Oft kehren dieselben Vogelpaare jedes Jahr in den gleichen Garten zurück, um dort ihre Jungen aufzuziehen. Was für ein Glück!

TOMATENSAUCE

Für 4 Bügelgläser à 250 g

1 Zwiebel
3–4 Knoblauchzehen
1 kg reife Tomaten
1 Stängel Rosmarin
1 Stängel Thymian
2 Stängel Oregano
25 ml Olivenöl
1 Lorbeerblatt
1–2 TL Salz
frisch gemahlener Pfeffer
1 Prise Zucker

Die Zwiebel schälen und fein würfeln. Knoblauchzehen abziehen und in feine Scheiben schneiden. Die Tomaten kreuzweise einritzen und mit kochendem Wasser überbrühen. Dann häuten. Tomaten halbieren, vom Stielansatz befreien und würfeln. Die Kräuter waschen und trocken tupfen. Blättchen bzw. Nadeln von den Stängeln streifen und hacken.

Das Olivenöl in einem Topf erhitzen, die Zwiebelwürfel darin glasig andünsten. Den Knoblauch zugeben und kurz mitdünsten. Dann die Tomaten und die gehackten Kräuter zufügen. Lorbeerblatt, Salz, Pfeffer und Zucker zugeben. Alles unter gelegentlichem Rühren zugedeckt 1 Stunde köcheln lassen. Die fertige Sauce noch einmal mit Salz, Pfeffer und Zucker abschmecken und in die mit kochendem Wasser ausgespülten Bügelgläser füllen. Sofort verschließen. An einem kühlen und dunklen Ort hält sich die Sauce ca. 4 Monate.

Wenn man eine große Menge reifer und weicher Tomaten zu verarbeiten hat, ist dies Rezept perfekt. Die Tomatensauce schmeckt pur zu Nudeln, kann aber auch für Lasagne oder als Grundlage einer Bolognese-Sauce verwendet werden. Die Mengen können problemlos erweitert werden, es empfiehlt sich jedoch, nicht mehr als 2 kg Tomaten auf einmal zu verarbeiten.

Die Sauce kann auch fest in Gefrierbeutel verschlossen und eingefroren werden.

KABAK DOLMASI
GEFÜLLTE ZUCCHINI

2 Zwiebeln
½ Bund Petersilie
½ Bund Dill
2 große Tomaten
250 g Hackfleisch von Rind oder Lamm
2 EL Paprika- oder Tomatenmark
1 TL getrocknete Minze
1 ½ Tassen Reis (ca. 150 g)
2 EL Olivenöl
Salz
frisch gemahlener Pfeffer
Paprikapulver edelsüß
Sieben-Gewürze-Mischung
(ersatzweise Kreuzkümmel)
6 kleine Zucchini

Zwiebeln schälen und fein hacken. Petersilie und Dill abbrausen, trocken tupfen, Blättchen bzw. Spitzen von den Stielen zupfen und fein hacken. Die Tomaten mit einem scharfen Messer dünn schälen, vom Stielansatz befreien und fein würfeln. Alles zum Hackfleisch in eine Schüssel geben, mit 1 Esslöffel Paprika- oder Tomatenmark, Minze, ungegartem Reis, 180 ml Wasser und 1 Esslöffel Olivenöl vermengen. Mit Salz, Pfeffer, Paprikapulver und Sieben-Gewürze-Mischung würzen.

Die Zucchini putzen und quer halbieren. Das Innere vorsichtig mit einem langen, schmalen Löffel aushöhlen. Die Hackfleischmischung einfüllen. Die Zucchini mit der Schnittfläche nach oben aufrecht in einen Topf stellen.

½ Liter Wasser mit dem verbliebenen Paprika- oder Tomatenmark, Salz und dem restlichen Öl vermischen, zum Kochen bringen und über die Zucchini gießen. Das Gemüse mit einem umgedrehten Teller beschweren und zugedeckt 20–30 Minuten bei mittlerer Hitze garen. Die Zucchini mit türkischem Joghurt servieren.

Ein leckeres, typisch türkisches Rezept, das auch kalt sehr gut schmeckt. Dafür die gefüllten Zucchini in dicke Scheiben schneiden.

Wie man auf dem Foto sieht, können auch andere Gemüsesorten, wie Paprika oder Auberginen, mit der Reis-Hackfleisch-Füllung zubereitet werden.

Ratatouille ist in der Provence ein typisches Alltagsgericht, das auch als Beilage zu Lamm und Geflügel gereicht wird. Hier muss das Gemüse ausnahmsweise nicht mehr bissfest sein. Im Gegenteil, die Tomaten dürfen gerne komplett zerfallen! Statt frischer können auch getrocknete Kräuter der Provence verwendet werden.

RATATOUILLE À LA PROVENÇALE

1 Gemüsezwiebel
1 Knoblauchzehe
1 rote Paprikaschote
1 gelbe Paprikaschote
1 Zucchini
1 Aubergine
4–5 EL Olivenöl
500 g aromatische Tomaten
Salz
frisch gemahlener Pfeffer
1 Prise Zucker
1 Stängel Rosmarin
3 Stängel Thymian

Die Gemüsezwiebel schälen und grob würfeln. Knoblauch schälen und hacken. Die Paprikaschoten putzen und klein schneiden. Die Zucchini putzen, längs halbieren und in 1 cm dicke Scheiben schneiden. Die Aubergine putzen und würfeln.

Olivenöl in einer hohen Deckelpfanne oder einem weiten Topf erhitzen, Gemüsezwiebel und Knoblauch darin anbraten. Dann Paprika und Zucchini zugeben und einige Minuten braten. Jetzt die Auberginenwürfel zufügen. Vorsicht, sie saugen sehr viel Fett auf, evtl. etwas Öl nachgießen. Das Gemüse braten, bis es beginnt, zu bräunen.

Inzwischen die Tomaten halbieren, vom Stielansatz befreien und grob würfeln. Zum übrigen Gemüse geben, Salz, Pfeffer, Zucker und die Kräuterstängel zufügen. Den Deckel auflegen und das Ratatouille unter gelegentlichem Rühren bei geringer Hitze gut 20 Minuten köcheln lassen. Es wird kein zusätzliches Wasser benötigt, aus den Tomaten tritt ausreichend Flüssigkeit aus. Zum Schluss noch einmal kräftig durchrühren, mit Salz und Pfeffer abschmecken und servieren. Dazu passen Brot, Rosmarin-Kartoffeln oder Reis. Ratatouille schmeckt auch kalt auf gerösteten Baguettescheiben sehr gut!

HERBST

Die Erntemonate September und Oktober bringen Farbe und Vielfalt auf den Tisch. Kürbis, Walnüsse, Pflaumen, Äpfel, Birnen, Quitten haben jetzt Saison. Nach der leichten Sommerküche freuen wir uns auf deftige, herzhafte und gehaltvolle Gerichte und genießen die letzten Sonnenstrahlen des Altweibersommers, bevor die kalte Jahreszeit anbricht...

Wenn Sie an einem sonnigen Herbstwochenende durch eine Schrebergartenanlage gehen, treffen Sie auf summende Emsigkeit. Überall wird gepflückt, gegraben, geschnitten, gepult, getrocknet, geschichtet ... Farbenprächtig leuchten Herbstlaub, Astern und Dahlien. Die Zweige der Bäume scheinen sich unter der Last der Früchte zu biegen. So schön dieser Anblick ist, bleibt doch die Frage: Was tun mit der ganzen Pracht? Hier ein paar Ideen:

Erste Option: Die Anschaffung eines großen Eisschranks ist keine schlechte Idee. Das meiste Obst und Gemüse kann roh oder blanchiert eingefroren werden.

Zweite Option: einkochen. Pflaumen im Sud, Kürbisse und Gurken süß-sauer, Apfelmus, Birnenkompott, Konfitüren. Wir liefern in diesem Kapitel einige Rezepte zum Thema.

Dritte Option: verschenken. Freunde, Nachbarn und Kollegen ohne eigenen Garten freuen sich bestimmt über selbst gezogenes und geerntetes Gemüse, garantiert ungespritzt und ganz ohne Verpackungsmüll.

Vierte Option: tauschen. Was Sie zu viel haben, hat ein Nachbar vielleicht zu wenig? Rote Bete gegen Kürbis, Quitten gegen Pflaumen, warum nicht?

KÜRBISFLAMMKUCHEN

400 g Hokkaidokürbis
2 EL Sonnenblumenöl
Salz
frisch gemahlener Pfeffer
2 Packungen Flammkuchenteig
(à 260 g, Kühltheke)
300 g Crème fraîche
200 g Blauschimmelkäse
(z. B. Gorgonzola)
50 g Walnusskerne
50 g Cashewkerne
Crema di Balsamico
zum Beträufeln

Den Kürbis waschen, halbieren und von Kernen und Fasern befreien. Dann in schmale Spalten schneiden. Öl in einer Pfanne erhitzen, die Kürbisspalten darin von beiden Seiten anbraten, salzen und pfeffern. Den Backofen auf 200 °C (Ober-/Unterhitze) vorheizen. Die Flammkuchenteigplatten auf ein Backblech legen. Crème fraîche darauf verstreichen. Den Blauschimmelkäse zerbröckeln und anteilig auf den Teigplatten verteilen. Die Kürbisspalten darauflegen. Die Nusskerne in einer Pfanne ohne Fett rösten, hacken und über die Kürbisspalten streuen.
Die Flammkuchen im vorgeheizten Backofen auf der zweiten Schiene von oben 25 Minuten backen. Herausnehmen, mit Crema di Balsamico dekorativ beträufeln und in Portionsstücke schneiden. Heiß genießen.

Eine superleckere Kombination, und ausgesprochen dekorativ noch dazu! Wir waren hingerissen von diesem Rezept, das uns der begeisterte Koch und Gärtner Thilo zur Verfügung gestellt hat.

Kürbisflammkuchen lässt sich problemlos vorbereiten und eignet sich daher gut für Gäste. Dazu passt ein kühler Weißwein oder Rosé.

HERBSTLICHES OFENGEMÜSE

1 Gemüsezwiebel
½ frische Knoblauchknolle
1 kleiner Hokkaido
1 Süßkartoffel
3 frische Rote-Bete-Knollen
5 Möhren
2 Stangen Lauch
100 ml Olivenöl
2 TL grobes Meersalz
3 Stängel Rosmarin

Die Gemüsezwiebel schälen und achteln. Knoblauchzehen aus der Knolle lösen, nicht schälen. Den Hokkaido waschen und halbieren. Kerne und Fasern mit einem Löffel herausschaben. Den Kürbis in schmale Spalten schneiden. Die Süßkartoffel schälen und in dicke Scheiben schneiden. Rote Bete schälen und vierteln. Möhren putzen, schälen und dritteln. Lauch vom Wurzelansatz und vom dunklen Grün befreien, waschen und in etwa 10 cm lange Stücke schneiden.
Den Backofen auf 200 °C (Ober-/Unterhitze) vorheizen. Alles Gemüse in eine große Schüssel geben und mit Olivenöl und Salz gründlich vermischen. Ein Backblech mit Backpapier auslegen und das Gemüse darauf verteilen. Rosmarinstängel obenauf legen. Das Gemüse im vorgeheizten Backofen auf mittlerer Schiene 30–45 Minuten garen. Nach der Hälfte der Zeit das Blech herausnehmen und alles einmal wenden. Das Gemüse ist gar, wenn alles weich ist. Dazu passen Ofenkartoffeln und gegrillte Hähnchenschenkel.

Kartoffeln und Hähnchen können auch direkt mitgegart werden, wenn der Platz es zulässt. Kartoffeln dafür schälen und längs vierteln. Die Hähnchenschenkel salzen, pfeffern und in Öl kräftig anbraten, bevor sie auf das Gemüse gelegt werden.

Die Knoblauchzehen auf dem Teller aus der Haut drücken, das weiche Innere zu Mus zerdrücken und mit dem Gemüse vermischen.

BLUMENKOHLCURRY

1 Blumenkohl
500 g Süßkartoffeln
4 Frühlingszwiebeln
15 getrocknete Aprikosen
1 Chilischote
Sonnenblumenöl zum Braten
3 TL Raz-el-Hanout
(marokkanische Gewürzmischung)
400 ml Kokosmilch (Dose)
Salz
frisch gemahlener Pfeffer
3 EL Cashewkerne, geröstet, gesalzen
½ Granatapfel

Den Blumenkohl putzen und in kleine Röschen zerteilen. Süßkartoffeln schälen und grob würfeln. Frühlingszwiebeln putzen und in Ringe schneiden. Eine Handvoll davon für die Dekoration beiseitelegen. Die Aprikosen klein schneiden. Die Chilischote putzen, von den Samen befreien und in feine Streifen schneiden.

Öl in einem Wok oder einer hohen Pfanne erhitzen. Blumenkohl und Süßkartoffeln zugeben und anbraten. Das Raz-el-Hanout zugeben und kurz mitrösten. Frühlingszwiebeln, Aprikosen und Chili zugeben, mit Kokosmilch ablöschen, salzen und pfeffern. Alles 10–15 Minuten köcheln lassen, bis die Süßkartoffeln weich sind. Inzwischen die Granatapfelkerne auslösen. Die Cashewkerne hacken.

Das fertige Curry mit Frühlingszwiebelringen, Granatapfel- und Cashewkernen bestreut servieren. Dazu passt Basmatireis.

Wer mag, rührt noch 1 Esslöffel Erdnussbutter unter. Das Raz-el-Hanout kann durch Currypulver ersetzt werden.

Für Fleischliebhaber kann 1 Hähnchenbrustfilet (ca. 200 g) zugegeben werden. Einfach würfeln und im Öl anbraten, wieder herausnehmen und salzen. Dann erst das Gemüse andünsten. Die Hähnchenbrustwürfel mit der Kokosmilch wieder zum Curry geben und mitgaren.

FENCHEL-BIRNEN-SALAT MIT ROQUEFORT-DRESSING

Für den Salat:
150 g Feldsalat
1 rosa Grapefruit
1 dicke Fenchelknolle
2 Birnen
40 g Walnusskerne

Für das Dressing:
100 g Blauschimmelkäse (z. B. Roquefort)
150 g Crème fraîche
Salz
frisch gemahlener Pfeffer

Für den Salat den Feldsalat waschen, verlesen und trocken schleudern. Die Grapefruit mit einem scharfen Messer so schälen, dass die weiße Schale mit entfernt wird. Die Filets aus den Häuten schneiden. Den dabei aufgefangenen Saft beiseitestellen. Fenchel putzen, den Strunk keilförmig herausschneiden. Die Knolle in dünne Scheiben schneiden. Birnen schälen, vierteln, vom Kerngehäuse befreien und in schmale Spalten schneiden. Die Walnüsse hacken.

Für das Dressing den Roquefort mit Crème fraîche pürieren, aufgefangenen Grapefruitsaft unterrühren und mit Salz und Pfeffer würzen. Feldsalat auf eine Platte geben, Grapefruitfilets, Fenchel und Birnenspalten darauf verteilen, mit dem Dressing beträufeln und mit Walnusskernen bestreuen. Sofort servieren.

Ein spannendes Geschmackserlebnis verspricht dieser Salat, leicht herbe Grapefruits, pikanter Roquefort, süße Birnen ... Außerdem ist er zugleich saftig und knackig. Ein toller Auftakt für ein Menü.

Die Fruchtanteile können beliebig variiert werden. Auch Brombeeren machen sich gut in der Mischung.

Was den Crumble so lecker macht, ist die Tatsache, dass das Obst vor dem Backen mit Zimt und Zucker gegart wird. Denn oft sind die Früchte im Crumble noch ein bisschen zu fest. Außerdem bildet sich dabei eine absolut köstliche Flüssigkeit.

PFLAUMEN-BIRNEN-APFEL CRUMBLE

Für die Früchte:
1 kg Pflaumen
2 Äpfel
1 Birne
1 Zimtstange
3 EL brauner Zucker

Für die Streusel:
100 g kernige Haferflocken
100 g zerlassene Butter
100 g Mehl
100 g Zucker

Die Pflaumen halbieren und entsteinen. Äpfel und Birne schälen, vierteln, vom Kerngehäuse befreien und klein schneiden. Das Obst mit 4 Esslöffeln Wasser, der Zimtstange und dem Zucker in einen Topf geben, zum Kochen bringen und 5 Minuten köcheln lassen.
Inzwischen für die Streusel die Haferflocken mit der flüssigen Butter, Mehl und Zucker zu Streuseln verkneten.
Den Backofen auf 200 °C (Ober-/Unterhitze) vorheizen. Die gegarten Früchte in eine passende Auflaufform geben und mit den Streuseln bestreuen. Den Crumble im vorgeheizten Backofen auf mittlerer Schiene 25–30 Minuten backen. Herausnehmen und heiß oder lauwarm genießen. Dazu passt halbsteif geschlagene Sahne.

QUITTENMUFFINS MIT WALNUSSKNUSPER

Für die Quitten:
300 g Quitten
150 ml Apfel- oder Birnensaft
4 EL Calvados (evtl. weglassen)
50 g Zucker
1 Päckchen Bourbon-Vanillezucker

Für den Walnussknusper:
50 g gehackte Walnusskerne
1 EL Puderzucker

Für den Teig:
80 g Butter
200 g Mehl
2 geh. TL Backpulver
200 g Crème fraîche (ersatzweise Schmand oder saure Sahne)
2 Eier
100 g Zucker

Außerdem:
Papier-Muffinförmchen
1 Muffinblech mit 12 Mulden
Puderzucker zum Bestäuben

Die Quitten gut abreiben, schälen, vierteln, vom Kerngehäuse befreien und in Spalten schneiden. Saft, Calvados, Zucker und Vanillezucker in einem kleinen Topf zum Kochen bringen. Die Quitten darin weich dünsten (5–8 Minuten). Vom Herd nehmen und im Saft abkühlen lassen. Für den Walnussknusper die Walnusskerne mit dem Puderzucker mischen.

Die Quitten in ein Sieb abgießen und abtropfen lassen. Den Sud auffangen und anderweitig verwenden.

Für den Teig die Butter schmelzen und wieder abkühlen lassen. Mehl und Backpulver mischen. In einer Rührschüssel die Crème fraîche mit Eiern und Zucker verrühren. Die Mehlmischung und die Butter schnell unterrühren.

Den Backofen auf 180 °C (Ober-/Unterhitze) vorheizen. Je 2 Papierförmchen in eine Mulde des Muffinblechs setzen. Den Teig gleichmäßig auf die Förmchen verteilen. Die Quittenspalten auf den Teig geben und etwas hineindrücken. Je 1 Teelöffel Walnussknusper obenauf geben. Die Muffins im vorgeheizten Backofen auf mittlerer Schiene 20 Minuten backen. Dann für 5 Minuten den Grill zuschalten, damit die Walnüsse karamellisieren. Herausnehmen, lauwarm abkühlen lassen und mit Puderzucker bestäubt servieren.

Mit dem aufgefangenen Quitten-Kochsud können Sie z.B. Quarkspeisen oder Joghurt süßen. Oder Sie kochen weitere Quitten darin zu Kompott. Oder, falls Sie sowieso gerade Quittengelee herstellen wollten, geben Sie ihn zum Quittensaft.

Das Rezept stammt aus der Steiermark. Manche bereiten die Knödel mit Topfenteig (Quarkteig) statt des Kartoffelteigs zu. Es gibt vehemente Verfechter beider Varianten!

Wer mag, serviert noch Zwetschgen-Röster zu den Knödeln. Das ist einfach ein Zwetschgen-Kompott.

ZWETSCHGENKNÖDEL

Für die Knödel:
450 g Kartoffeln (mehligkochend)
Salz
200 g Mehl
60 g Butter
1 Ei
12 Zwetschgen
80 g Semmelbrösel

Außerdem:
Zimtzucker
Schmand

Die Kartoffeln schälen, waschen, halbieren und in kochendem Salzwasser 20 Minuten garen. Dann heiß durch die Kartoffelpresse in eine Schüssel drücken und abkühlen lassen. Die Kartoffelmasse mit Mehl, 1 Esslöffel Butter, Ei und 1 Prise Salz zu einem geschmeidigen Teig verkneten. Den Teig zu einer Rolle formen und in 12 gleich große Stücke teilen.
Die Zwetschgen entstielen und entsteinen. Die Teigstücke flach drücken, je 1 Zwetschge daraufsetzen und den Teig drum herum zur Kugel formen.
Salzwasser in einem Topf zum Kochen bringen. Die Knödel darin bei geringer Hitze circa 10 Minuten ziehen lassen, bis sie an die Oberfläche steigen. Mit einer Schaumkelle herausheben und abtropfen lassen. Inzwischen die restliche Butter in einer Pfanne bräunen und die Semmelbrösel darin goldbraun rösten. Die Knödel zugeben und in der Bröselbutter rundherum 2–3 Minuten braten. Danach auf einer Platte anrichten und mit Zimtzucker und Schmand servieren.

TIROLER SPINATKNÖDEL

250 g altbackenes Weißbrot
80 ml warme Milch
1 ½ Zwiebeln
2 Knoblauchzehen
250 g frischer Blattspinat
3 EL Mehl
20 g geriebener Parmesan
40 g Butter
Salz
frisch gemahlener Pfeffer
frisch geriebene Muskatnuss
3 Eier
2 EL geriebener Parmesan zum Bestreuen

Das Brot in kleine Würfel schneiden und in der Milch einweichen. Zwiebeln und Knoblauch schälen und hacken. Spinat gründlich waschen, verlesen und von harten Stielen befreien und in Streifen schneiden.
Die eingeweichten Brotwürfel in einer Rührschüssel mit Mehl und Parmesan mischen. Die Hälfte der Butter in einer Pfanne zerlassen, Zwiebeln und Knoblauch darin anschwitzen. Den Spinat zugeben, mit Salz, Pfeffer und Muskat würzen und unter Rühren zusammenfallen lassen. Den Spinat zur Brotmischung geben. Die Eier unterrühren.
Den Teig zugedeckt 30 Minuten ruhen lassen. Danach mit nassen Händen aus der Masse ca. 16 Knödel formen und in kochendem Salzwasser garen. Die Knödel sind fertig, wenn sie an die Oberfläche steigen, das dauert ca. 15 Minuten. Mit einem Schaumlöffel herausheben.
Die verbliebene Butter in einem Töpfchen bräunen. Die Knödel auf einer Platte anrichten, mit der gebräunten Butter beträufeln und mit Parmesan bestreut servieren.

Ein echter Klassiker aus Österreich. Dieses Rezept erreichte uns aus Innsbruck. Die Schrebergärten dort sind mit zünftigen Holzhütten ausgestattet – und natürlich mit Blick auf die Berge!

Übrig gebliebene Knödel kann man am nächsten Tag in Scheiben schneiden und in Butter braten. Oder mit einem Essig-Öl-Dressing wie einen Salat anrichten.

Der Feuertopf (Dutch oven) den Jobst bei Garten-Events regelmäßig einsetzt, ist ein dreibeiniger gusseiserner Topf, der sich gut zum Schmoren und Backen in der Glut eignet. Abgeguckt ist er von Töpfen, die vor 200 Jahren zum Kochen im offenen Herdfeuer benutzt wurden. Der Deckel ist so geformt, dass man ihn mit glühender Holzkohle bedecken kann. So wird der Topfinhalt auch von oben gegart.

FEUERTOPF

Für 8–10 Personen
500 g schwarze Bohnen
500 g weiße Bohnen
Salz
500 g Kasslerbraten
500 g Gulasch, halb Rind, halb Schwein
3 große Gemüsezwiebeln
Butterschmalz zum Anbraten
3 Möhren
3 Pastinaken
2 rote Paprikaschoten
1 l Gemüsebrühe
1 Dose geschälte Tomaten (800 g)
Pfeffer
Paprikapulver geräuchert
Chilipulver

Die beiden Bohnensorten über Nacht mit reichlich kaltem Wasser bedeckt quellen lassen. Am nächsten Tag in ein Sieb abgießen, abspülen und mit frischem Wasser in einen Topf geben. Die Bohnen salzen und 45 Minuten kochen. Abgießen und abtropfen lassen.
Kassler und Gulasch in kleine Würfel schneiden. Die Zwiebeln schälen und hacken. Butterschmalz im Feuertopf erhitzen und Fleisch und Zwiebeln darin rundum anbraten.
Möhren und Pastinaken schälen und würfeln. Die Paprikaschoten putzen und klein schneiden. Das Gemüse zum Fleisch in den Topf geben und kurz mitbraten.
Alles mit der Gemüsebrühe ablöschen und aufgießen. Gut durchrühren und 20 Minuten köcheln lassen. Die Tomaten und die Bohnen zugeben und den Eintopf mit Salz, Pfeffer, Paprika und Chili würzen. Den Topf mit dem Deckel verschließen und für 1–2 Stunden in die Glut stellen. Dabei gelegentlich umrühren. Der Feuertopf ist fertig, wenn Fleisch und Bohnen weich sind.

REIBEPLÄTZCHEN

1,5 kg Kartoffeln (mehligkochend)
1 große Zwiebel
2 Eier
Salz
2–3 EL Mehl
Sonnenblumenöl zum Braten

Die Kartoffeln schälen, waschen und grob reiben. Das sich absetzende Stärkewasser abgießen. Die Zwiebel schälen, fein reiben und zur Kartoffelmasse geben. Die Eier zufügen und salzen. Alles gut durchrühren. Falls der Teig noch zu flüssig ist, eventuell mit ein wenig Mehl binden.
Öl in einer oder zwei Pfannen erhitzen. Den Kartoffelteig portionsweise hineingeben und von beiden Seiten knusprig braun braten. Heiß mit Apfelmus genießen.

Je nach Landstrich heißen sie auch Reiberdatschi oder Reibekuchen. Gemeint sind aber immer dieselben, aus rohen Kartoffeln hergestellten Kartoffelplätzchen. Als Kartoffelpuffer werden meist die Küchlein bezeichnet, die aus gekochten Kartoffeln oder übrig gebliebenem Kartoffelbrei zubereitet werden.

Russische Blini werden mit saurer Sahne und Kaviar obenauf genossen, in Deutschland isst man Reibeplätzchen mit Apfelmus, Apfelkraut oder Zucker, in den Niederlanden mit geriebenem Käse.

SCHOKO-BIRNE-WALNUSS KUCHEN

Für 1 Kastenform von 30 cm:
400 g Birnen
250 g Mehl
3 EL Kakaopulver (ungesüßt)
½ TL Zimt
1 Päckchen Backpulver
3 Eier
250 g Zucker
50 ml Milch
125 ml Sonnenblumenöl
150 g gehackte Walnüsse

Die Birnen schälen, von Stiel und Kerngehäuse befreien und in Würfel schneiden. Das Mehl und das gesiebte Kakaopulver mit Zimt und Backpulver mischen.
In einer Rührschüssel die Eier mit dem Zucker so lange rühren, bis eine dick-schaumige Creme entstanden ist. Dann Milch und Öl einarbeiten. Die Mehlmischung zugeben und kurz unterheben, ebenso Birnenwürfel und Walnüsse.
Den Backofen auf 180 °C (Ober-/Unterhitze) vorheizen. Eine Kastenform mit Backpapier auskleiden. Den Teig einfüllen und den Kuchen im vorgeheizten Backofen (unterste Schiene) 50–60 Minuten backen. Herausnehmen, 15 Minuten abkühlen lassen, aus der Form stürzen und auf einem Kuchengitter vollständig abkühlen lassen.

Eine dunkle Kuchenglasur macht sich gut auf dem Kuchen, ist aber nicht so praktisch, wenn man den Kuchen bei warmem Wetter z.B. in den Garten transportieren möchte...

BIRNENCHUTNEY

Für 2–3 Gläser:
1 kg Birnen
1 Apfel
300 g Zwiebeln
2 Knoblauchzehen
20 g frische Ingwerwurzel
1 Bio-Zitrone
1 Peperoni
100 g Rosinen
1 TL Senfkörner
1 ½ TL Salz
300 ml Estragon- oder Weißwein-Essig
300 g brauner Kandis

Birnen und Apfel schälen, vom Kerngehäuse befreien und in kleine Stücke schneiden. Zwiebeln und Knoblauch schälen und fein würfeln. Ingwer schälen und fein hacken. Die Bio-Zitrone heiß abwaschen, abtrocknen und die gelbe Schale dünn abreiben. Den Zitronensaft auspressen. Die Peperoni putzen und in feine Ringe schneiden.
Die vorbereiteten Zutaten zusammen mit Rosinen, Senfkörnern, Salz, Essig und Kandis in einem großen Topf zum Kochen bringen. Das Chutney bei mittlerer Hitze circa 40 Minuten ohne Deckel köcheln lassen. Dabei ab und zu umrühren.
Das fertige Chutney sofort in mit kochendem Wasser ausgespülte Twist-off-Gläser füllen und diese gut verschließen.

Das Chutney hält sich an einem kühlen und dunklen Ort ca. 1 Jahr. Es schmeckt sehr lecker zu Gegrilltem, vor allem zu Geflügel, aber auch in Currys und Saucen oder einfach auf Brot. Wir haben es zu marinierten Chickenwings gereicht, das passte hervorragend!

EINGELEGTE ZUCCHINI

Für ca. 10 große Gläser:
3 kg Zucchini
2 rote Paprikaschoten
2 gelbe Paprikaschoten
3 große Zwiebeln

Für den Sud:
250 ml Essig (10 %, Spritessig)
450 g Zucker
55 g Salz
1 EL Senfkörner

Die Zucchini putzen und in feine Scheiben schneiden. Paprikaschoten putzen und in dünne Ringe schneiden. Die Zwiebeln schälen und fein würfeln.
Für den Sud den Essig mit 1,1 l Wasser, Zucker, Salz und Senfkörnern in einem großen Topf erhitzen und einmal aufkochen lassen. Das vorbereitete Gemüse zugeben und ein weiteres Mal aufkochen lassen. Dann das Gemüse in vorbereitete (siehe Tipp Seite 154), mit kochendem Wasser ausgespülte Twist-off-Gläser füllen, sofort verschließen und für einige Minuten auf den Kopf stellen. Wieder zurückdrehen, vollständig abkühlen lassen und an einem kühlen, dunklen Ort aufbewahren. Die eingelegten Zucchini halten sich ca. 6 Monate.

In Schrebergärten kommt es oft zu regelrechten Zucchinischwemmen. Die Früchte können Monstergröße erreichen und schmecken trotzdem noch toll. Aber Vorsicht: Sobald das Fruchtfleisch bitter wird, sind sie nicht mehr genießbar und sogar giftig. Einmal haben wir eine einzelne Zucchini geschenkt bekommen, die 4 kg wog, die wäre perfekt für dieses Rezept gewesen…

Branntweinessig mit 10 Prozent Säuregehalt wird auch als Spritessig bezeichnet. Es kann auch entsprechend verdünnte Essigessenz stattdessen verwendet werden.

Je sorgfältiger man bei der Vorbereitung der Gläser ist, desto geringer ist die Gefahr, dass das Einmachgut verdirbt. Die Gläser müssen zuerst gründlich gespült werden. Dann stellt man sie in eine Schüssel, legt die Deckel dazu und übergießt alles mit kochendem Wasser. Wenn man danach darauf achtet, dass beim Einfüllen Deckelinnenseite und Glasrand nicht berührt oder bekleckert werden, ist man auf der sicheren Seite.

EINGELEGTE SENFGURKEN

Für ca. 10 Gläser:
2,5 kg Salatgurken
2 EL Salz
3 EL Senfkörner
750 ml Weißweinessig
1 l Wasser
200 g Zucker

Am Vortag die Gurken schälen, längs halbieren und in ca. 1,5 cm dicke Scheiben schneiden. Die Gurkenstücke in eine große Schüssel geben, mit dem Salz bestreuen und mit Wasser gerade bedeckt 24 Stunden im Kühlschrank durchziehen lassen. Am nächsten Tag die Gurken in ein Sieb abgießen, abspülen und in einen Topf geben. Senfkörner, Essig, Wasser und Zucker zugeben. Alles erhitzen und ca. 10 Minuten köcheln lassen. Die Gurken sollten noch Biss haben. Die Gurken heiß in mit kochendem Wasser ausgespülte Twist-off-Gläser bis unter den Rand einfüllen, fest verschließen und für einige Minuten auf den Kopf stellen. Dann wieder umdrehen und vollständig abkühlen lassen. An einem kühlen, dunklen Ort aufbewahrt, halten die Senfgurken bis zu 1 Jahr.

Abenteuer Wildnis im Gemeinschaftsgarten

Für den wildromantischen Garten von Jobst und seinen Freunden sind drei Parzellen in einer alten, verwunschenen Schrebergartenanlage, die über die Jahre nach und nach frei wurden, zusammengelegt worden. Seit 15 Jahren nutzt die Gruppe, die in dieser Zeit um einige Kinder angewachsen ist, den Garten gemeinsam. Selten sind alle gleichzeitig da, aber immer mal wieder gibt es eine größere gemeinsame Aktion. Im Herbst findet ein großes „Aufräumen" vor dem Winter statt. Dabei werden die letzten Kartoffeln ausgegraben, die letzten Äpfel gepflückt, Reparaturen am Gartenhaus vorgenommen und Totholz verbrannt.

In der Glut gart unterdessen ein deftiger Bohnen-Eintopf (Rezept Seite 140) stundenlang sanft vor sich hin und wird später zusammen mit den Reibeplätzchen, die flugs aus den letzten Kartoffeln und Zwiebeln hergestellt wurden, an dem langen, rustikalen Holztisch von allen gemeinsam verputzt. Ein letztes Mal treffen sich dann alle im Dezember zum gemeinsamen Adventsliedersingen, Glühweintrinken und Plätzchenessen, bevor der Garten bis zum nächsten Jahr in den Winterschlaf geschickt wird …

KÜRBIS-MARONEN RISOTTO

250 g Hokkaidokürbis
½ Gemüsezwiebel
1 Knoblauchzehe
1 EL Olivenöl
250 g Risottoreis
100 ml Weißwein
700 ml heiße Gemüsebrühe oder Geflügelfond
50 g Parmesan
3 Stängel Salbei
20 g Amarettini
150 g geschälte Maronen (Vakuumpack)
100 g Butter

Den Kürbis von Kernen befreien und in Würfel schneiden. Zwiebel und Knoblauch schälen und würfeln. Das Öl in einem weiten Topf erhitzen. Kürbis-, Zwiebel- und Knoblauchwürfel darin anbraten. Den Reis zugeben und glasig anschwitzen lassen. Mit dem Weißwein ablöschen und unter Rühren einkochen lassen. Nach und nach die Brühe oder den Fond zugießen und immer wieder einkochen lassen. Dabei immerzu rühren.
Den Parmesan grob reiben. Salbei waschen, trocken schütteln und in Streifen schneiden. Die Amarettini zerbröseln, die Maronen in Scheiben schneiden. Die Hälfte der Butter in einer Pfanne leicht bräunen, Maronen, Salbei und Amaretti zugeben und anbraten. Beiseitestellen. Die verbliebene Butter zusammen mit dem geriebenen Parmesan in das Risotto rühren. Es soll cremig, aber noch bissfest sein. Das fertige Risotto in eine Schüssel füllen und mit der Maronen-Salbei-Amarettini-Mischung bestreut servieren.

Risotto sollte man bei der Zubereitung möglichst nicht aus den Augen lassen. Es setzt schnell an. Dieses wunderbare Herbstgericht ergibt eine komplette Mahlzeit. Durch Brühe und Käse ist es in der Regel salzig genug, ohne dass extra Salz hinzugefügt wird. Aber abschmecken schadet natürlich nicht!

Mangold gibt es mit leuchtend roten, gelben, orangen oder weißen Stielen. Die Stauden sind also sehr dekorativ und werden schon deshalb gerne angebaut. Meist wird Mangold einfach wie Spinat zubereitet und als Beilage gegessen. Dieses Gericht eignet sich aber auch als Hauptspeise und ist durch die Zugabe von Rosinen und Mandeln besonders raffiniert.

LAUWARMER MANGOLDSALAT

700 g Mangold
1 altbackenes Brötchen
1 Knoblauchzehe
0,1 g Safranfäden
6 EL Olivenöl
100 g gehackte Mandeln
50 g Rosinen
Salz
frisch gemahlener Pfeffer

Mangold waschen, putzen, grob schneiden und in kochendem Salzwasser kurz blanchieren. Mit einem Schaumlöffel herausheben, kalt abschrecken und in einem Sieb gut abtropfen lassen. Das Brötchen würfeln. Knoblauch schälen und hacken. Die Safranfäden in etwas heißem Wasser einweichen lassen.

3 Esslöffel Öl in einer Pfanne erhitzen und die Mandeln darin goldbraun rösten, dann herausnehmen. Jetzt die Brotwürfel und den Knoblauch im Öl anbraten und wieder herausnehmen. Mangold und Rosinen in die Pfanne geben und einige Minuten dünsten. Safran, Brotwürfel und Mandeln zugeben und alles mit Salz und Pfeffer würzen. Das Gericht lauwarm servieren.

GEBACKENER BLUMENKOHLSALAT

Für den Salat:
1 mittelgroßer Blumenkohl
3 EL Olivenöl
1 TL Meersalz
2 Handvoll Haselnüsse
½ Bund Petersilie
100 g getrocknete Cranberrys

Für das Dressing:
1 Msp. Zimtpulver
1 Msp. gemahlener Piment
1 EL weißer Balsamico
2–3 EL Ahornsirup
3 EL Olivenöl
Salz und frisch gemahlener Pfeffer

Den Backofen auf 200 °C (Ober-/Unterhitze) vorheizen. Den Blumenkohl putzen und vom harten Strunk befreien. Den Kopf in kleine Röschen teilen, zarte Stiele klein schneiden. Röschen und Stiele in einer Schüssel mit Olivenöl und Meersalz vermischen und dann auf einem mit Backpapier ausgelegten Backblech verteilen. Im vorgeheizten Backofen auf mittlerer Schiene 20 Minuten backen, bis der Kohl goldbraun, aber noch bissfest ist.

Inzwischen die Haselnüsse in einer Pfanne ohne Fett rösten, etwas abkühlen lassen und hacken. Die Petersilie waschen, trocken schütteln, die Blättchen von den Stielen zupfen und klein schneiden. Große Cranberrys nach Belieben halbieren. Den Blumenkohl aus dem Ofen nehmen, mit Nüssen und Cranberrys mischen und mit Petersilie bestreuen.

Für das Dressing Zimt und Piment mit Balsamico, Ahornsirup und Olivenöl verrühren. Mit Salz und Pfeffer würzen. Das Dressing über den Salat geben und vorsichtig durchmischen. Lauwarm servieren.

Eine ungewöhnliche, aber verblüffend einfache und köstliche Methode, Blumenkohl zuzubereiten. Statt Cranberrys können Sie auch Granatapfelkerne verwenden.

Ein Hauch von Asien mit Kois und Gingkobaum

In über 20 Jahren hingebungsvoller Arbeit hat sich das deutsch-koreanische Paar auf seiner Parzelle einen prächtigen asiatischen Garten angelegt. Im Teich schwimmen Goldfische und beeindruckend große Koikarpfen. Der Gingkobaum ist inzwischen zu beachtlicher Größe herangewachsen.

Wie in gewolltem Kontrast zur fernöstlichen Schönheit reihen sich auf einem Brett neben der Terrasse ausgediente Kaffeekannen, Krüge und Schüsseln aneinander. Das wirkt ganz und gar unasiatisch, aber überraschend fröhlich und dekorativ.

Zutaten, die in der Küche Koreas Verwendung finden, wie Sesam und Sesamblätter, werden hier neben Tomaten und Paprika angebaut. Die üppige Chili-Ernte wird zum Trocknen auf Zeitungspapier ausgebreitet. Überall im Gartenhaus liegen die Schoten auf jeder verfügbaren Fläche. Von Zeit zu Zeit werden sie gewendet und später für den Gebrauch auf Fäden aufgezogen. Dann hängen sie griffbereit in der Küche neben dem Herd. Kaum ein Gericht in der koreanischen Küche kommt ohne die Schärfe der Chilischote aus!

KOREANISCHE ROTE CHILIPASTE

5–6 rote Chilischoten
5 Knoblauchzehen
1 große weiße Zwiebel
1 kl. Dose Tomatenmark (70 g)
½ TL Salz
1 TL Paprikapulver edelsüß

Die Chilischoten von Stielansatz und Samen befreien und in Stücke schneiden. Knoblauch und Zwiebel schälen und grob hacken. Chili-, Knoblauch- und Zwiebelstücke zusammen mit Tomatenmark, Salz und Paprika im Mixer fein pürieren. Die fertige Paste in mit kochendem Wasser ausgespülte Twist-off- oder Bügelgläser füllen. Sie hält sich an einem kühlen, dunklen Ort (Keller oder Kühlschrank) 3–6 Monate.

Beim Verarbeiten der Chilischoten wenn möglich Einmal-Handschuhe tragen. Der scharfe Saft brennt höllisch. Augenreiben während der Verarbeitung unbedingt vermeiden!

Die Chili ist eine Paprikapflanze und gehört zu den Nachtschattengewächsen, wie übrigens auch die Tomaten und die Kartoffeln. Die alten Kulturpflanzen stammen alle drei aus Mittel- und Südamerika. Je nach Größe, Farbe, Geschmack und Schärfe nennt man die spitzen roten Schoten Chili, Spanischer Pfeffer oder Peperoni. Fast alle Paprikasorten enthalten in unterschiedlicher Konzentration den Stoff Capsaicin, der für die Schärfe verantwortlich ist.

WINTER

Sogar zu Beginn des Winters gibt es im Schrebergarten noch das ein oder andere zu ernten. Feldsalat, Lauch, Rot-, Weiß- und Rosenkohl haben jetzt Saison. Sobald sich die ersten Nachtfröste einstellen, ist die Zeit für den Grünkohl gekommen, der im gesamten Norden Deutschlands so beliebt ist. Rechts sieht man die dort weit verbreitete „Lippische Palme".

Still wird es in den Schrebergärten im Winter. Spätestens, wenn der letzte Grünkohl geerntet, die letzte Rose verblüht ist, werden die Gartenmöbel endgültig weggeräumt, die Hängematten eingerollt, das Gartengerät weggeschlossen und die Lauben verriegelt.

In den Morgenstunden verziert Raureif mit seinen zarten Kristallen die verbliebenen Blätter und Blüten. Und bald fällt vielleicht auch schon der erste Schnee. Dann verwandelt sich die ganze Anlage in eine weiß gepuderte Zauberlandschaft.

Jetzt ist die Zeit der kleinen Wildtiere gekommen. Kein Mensch behelligt sie oder beobachtet auch nur ihr emsiges Treiben. Igel suchen sich ihr Winterquartier unter zusammengerechten Blättern. Mäuschen, Eichhörnchen und Wintervögel bewegen sich frei und ungestört durch die Gärten, verspeisen vergessene Äpfel, sammeln Nüsse und picken Samenkörner auf. Viele Gärtnerinnen und Gärtner haben ein Herz für die Igel und die überwinternden Insekten und Vögel, lassen Laub- und Reisighaufen liegen, stellen Insektenhotels und Futterhäuser auf und hängen Meisenknödel in die Äste der Bäume. Und bis das nächste Frühjahr kommt, herrschen die Tiere über die Gärten …

AVEZIAS DE ABÓDORA
SÜSSES KÜRBISGEBÄCK

Für ca. 20 Teigtaschen

Für den Teig:
250 g Mehl
2 EL Olivenöl
150 ml heißes Wasser

Für die Füllung:
400 g Hokkaidokürbis
abgeriebene Schale von 1 Bio-Orange
1 Zimtstange
4 Nelken
80–100 g brauner Zucker
70 g Walnüsse

Außerdem:
Mehl zum Verarbeiten
100 g Zucker
½ TL Zimt
1 l Sonnenblumenöl

Für den Teig das Mehl mit dem Öl und dem heißen Wasser in einer Schüssel vermischen und so lange kneten, bis ein geschmeidiger Teig entstanden ist. Zur Kugel formen und abgedeckt für 30 Minuten kalt stellen.

Für die Füllung den Kürbis schälen, die Kerne und das faserige Innere entfernen und das Fruchtfleisch würfeln. Mit Orangenabrieb, Zimtstange, Nelken und Zucker in einen Topf mit wenig Wasser geben und bei geringer Hitze in ca. 10 Minuten weich kochen. In ein Sieb geben und abtropfen lassen. Die Gewürze entfernen. Die Walnusskerne hacken. Das Kürbisfleisch pürieren und die gehackten Nüsse unterheben.

Den Teig auf bemehlter Arbeitsfläche ausrollen und mit einem passend großen Glas ca. 8 cm große Kreise ausstechen. Von der Kürbismasse je 1 Esslöffel in die Mitte setzen, den Teigkreis darüber zusammenklappen und den Rand mit einer Gabel rundum fest andrücken. Zucker und Zimt mischen und auf eine Platte geben.

Das Sonnenblumenöl in einem hohen Topf erhitzen, bis an einem hineingehaltenen Holzstäbchen Blasen aufsteigen. Die Teigtaschen dann darin portionsweise von beiden Seiten goldbraun ausbacken. Mit einem Schaumlöffel herausheben, auf Küchenpapier entfetten und noch heiß im Zimtzucker wälzen. Abkühlen lassen und sofort genießen.

Dies Rezept haben wir von Laura und Bruno (siehe Seite 96). Die leckeren Teigtaschen sind in Portugal ein typisches Weihnachtsgebäck. Es gibt auch Varianten mit Süßkartoffel- oder Kichererbsenfüllung.

Das Frittier-Öl können Sie nach dem Abkühlen durch ein Küchenpapier filtern und mit einem Trichter zurück in die Flasche füllen. Dann kann es zum Backen und Braten wiederverwendet werden.

Probieren Sie die Zwiebelkonfitüre auf knusprigem Weißbrot mit Ziegenfrischkäse! Überhaupt schmeckt sie gut zu Käse in jeder Form. Sie können sie auch in Saucen rühren oder zu einem saftigen Steak genießen.

ZWIEBELKONFITÜRE

Für 2–3 Gläser:
750 g rote Zwiebeln
75 g Honig
75 g brauner Zucker
5 EL weißer Balsamico
2 EL Rosinen
1 EL Koriandersamen

Die Zwiebeln schälen, längs halbieren und in dünne Ringe schneiden. Mit Honig, Gelierzucker, Essig, Rosinen und Koriandersamen in einen großen Topf geben und 45–50 Minuten unter gelegentlichem Rühren köcheln lassen, bis die Zwiebeln so weich sind, dass sie auf der Zunge zergehen. Die Konfitüre kochend heiß in saubere, heiß ausgespülte Twist-off-Gläser füllen, sofort verschließen und für ein paar Minuten auf den Kopf stellen. Dunkel und kühl aufbewahren.

WINTERROHKOST

250 g Rosenkohl	
250 g Rotkohl	
2 Äpfel	
½ Bio-Zitrone	
1 Stück frische Ingwerwurzel (ca. 2 cm)	
1–2 TL Salz	
frisch gemahlener Pfeffer	
½ TL Raz-el-Hanout	
4 EL weißer Balsamico	
4 EL natives Olivenöl	
100 g Mandeln	
50 g Cashewkerne	
4 EL getrocknete Cranberrys	

Den Rosenkohl und den Rotkohl putzen, von Strünken und unschönen äußeren Blättern befreien und in feine Streifen hobeln (am besten mit der Küchenmaschine). Beide Kohlsorten in einer großen Schüssel mischen. Die Äpfel waschen, trocken reiben, vierteln, vom Kerngehäuse befreien und fein würfeln. Von der halben Zitrone die Schale mit einem Zestenreißer abziehen, den Saft auspressen. Den Ingwer schälen und reiben. Äpfel, Zitronensaft und -schale und Ingwer zum Kohl geben. Mit Salz, Pfeffer, Raz-el-Hanout, Essig und Öl würzen und alles mit sauberen Händen gut mischen, dabei leicht weich kneten. Den Salat abgedeckt für 1–2 Stunden an einem kühlen Ort durchziehen lassen.

Vor dem Servieren Mandeln und Nüsse grob hacken und mit den Cranberrys unter den Salat mischen.

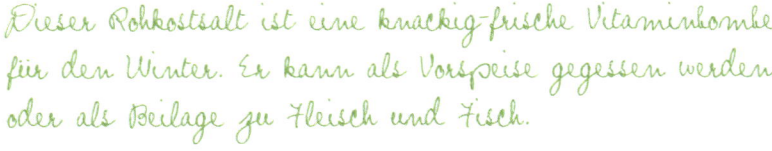

Dieser Rohkostsalat ist eine knackig-frische Vitaminbombe für den Winter. Er kann als Vorspeise gegessen werden oder als Beilage zu Fleisch und Fisch.

Die Lauchquiche ist ein klassisch französisches Gericht. Sie schmeckt auch sehr gut kalt und macht sich toll auf jedem Buffet. Für ein ganzes Blech die doppelte Menge der Zutaten verwenden.

LAUCHQUICHE

Für eine Tarteform von 30 cm Ø

Für den Teig:
200 g Mehl
100 g kalte Butter
1 Prise Salz

Für den Belag:
750 g Lauch
Butter zum Braten
200 g Baconwürfel
Salz
frisch gemahlener Pfeffer
frisch geriebene Muskatnuss
200 ml süße Sahne
3 Eier
150 g geriebener Emmentaler oder Gruyère
Butterflöckchen zum Belegen

Für den Teig das Mehl in eine Schüssel geben. Die kalte Butter in Stückchen schneiden und mit dem Salz zugeben. Zuerst Mehl und Butter mit zwei Messern zerhacken, dann mit den Fingern zerreiben, bis eine sandartige Konsistenz erreicht ist. 75 ml Wasser zugießen und alles zügig verkneten. Den Teig zur Kugel formen und abgedeckt im Kühlschrank 20–30 Minuten ruhen lassen.

Inzwischen für den Belag die Lauchstangen putzen und waschen. Das dunkle Grün entfernen, die hellen Teile in schmale Ringe schneiden. Butter in einem weiten Topf erhitzen, die Lauchringe zusammen mit den Baconwürfeln darin anbraten und mit Salz, Pfeffer und Muskat würzen. Die Sahne zugeben und das Gemüse ca. 10 Minuten garen. Dann die verquirlten Eier und den geriebenen Käse unterrühren. Vom Herd nehmen.

Den Backofen auf 200 °C (Ober-/Unterhitze) vorheizen. Den Teig auf einem Stück Backpapier passend ausrollen und die Form damit auskleiden. Dabei einen Rand hochziehen und diesen gut andrücken. Den Teig mit einer Gabel mehrfach einstechen und im vorgeheizten Backofen auf mittlerer Schiene 15 Minuten blindbacken.

Aus dem Ofen nehmen, die Lauchmischung auf dem Teig verteilen, mit Butterflöckchen belegen und die Quiche in weiteren 25–30 Minuten goldbraun backen. Herausnehmen, etwas abkühlen lassen und servieren. Dazu passt grüner Salat.

ROTKOHLSUPPE

Für die Suppe:
1 große rote Zwiebel
2 Knoblauchzehen
500 g Rotkohl
1 Apfel
2 EL Rapsöl
1 Stängel Thymian
500 ml Gemüsebrühe
200 ml süße Sahne
Salz und frisch gemahlener Pfeffer
1 EL weißer Balsamico

Für die Croûtons:
2 Scheiben Graubrot
2 EL Butter
2 EL Walnussöl

Für die Suppe die Zwiebel und den Knoblauch schälen und fein würfeln. Den Rotkohl putzen, halbieren, den Strunk keilförmig herausschneiden. Den Kohl in feine Streifen schneiden oder hobeln. Den Apfel schälen, vierteln, vom Kerngehäuse befreien und würfeln.
Das Öl in einem Topf erhitzen. Zwiebel- und Knoblauchwürfel darin anschwitzen. Rotkohl und Apfelwürfel zugeben und kurz mit anschwitzen lassen. Den Thymian waschen und trocken schütteln, die Blättchen vom Stängel streifen und in den Topf geben. Die Gemüsebrühe angießen und die Suppe 30–40 Minuten im geschlossenen Topf köcheln lassen, bis der Kohl weich ist. Danach fein pürieren. Die Sahne unterrühren und die Suppe mit Salz, Pfeffer und Balsamico würzen. Bis zum Servieren warm halten.
Für die Croûtons die Brotscheiben von der Rinde befreien und würfeln. Butter und Walnussöl in einer Pfanne erhitzen und die Brotwürfel darin unter Wenden knusprig braun braten.
Die Suppe auf Teller oder Schalen verteilen und mit Croûtons bestreut servieren.

Spektakulär ist die Farbe dieser Suppe! Die Mengenangabe bei den Zutaten reicht für eine Vorsuppe. Wenn Sie die Suppe als Hauptgericht servieren möchten, verdoppeln Sie einfach die Mengen.

Eine echte Alternative zum klassischen Grünkohleintopf sind diese herzhaften Bratlinge – und das nicht nur für Vegetarier! Wer auf Fleisch nicht verzichten möchte, brät 100 g Speckwürfel an und mischt sie unter die Grünkohlmasse.

Für Kräuterschmand 1 Becher Schmand mit reichlich gehackten Kräutern (Petersilie, Schnittlauch, Dill, Estragon, Zitronenmelisse) verrühren, mit Salz, Pfeffer und Zitronensaft abschmecken.

GRÜNKOHLBRATLINGE

600 g frischer Grünkohl
1 rote Zwiebel
3 EL Butterschmalz
2 Möhren
2 TL Salz
frisch gemahlener Pfeffer
130 g gemischte Quinoa
(schwarz, weiß, rot)
3 EL Semmelbrösel
3 EL blütenzarte Haferflocken
3 EL Mehl
3 Eier
40 g frisch geriebener Käse
(z. B. Bergkäse, Comté oder Gruyère)
Butterschmalz zum Braten

Den Grünkohl gründlich waschen und gut abtropfen lassen. Die Blätter von den Strünken schneiden und fein hacken. Die Zwiebel schälen und fein würfeln. Butterschmalz in einer großen, hohen Pfanne erhitzen, die Zwiebelwürfel darin anschwitzen. Den Grünkohl zugeben und ca. 10 Minuten dünsten. Die Möhren schälen, raspeln, zum Grünkohl geben und kurz mitdünsten. Alles salzen, pfeffern, vom Herd nehmen und etwas abkühlen lassen.
Inzwischen in einem Topf 1 l Wasser zum Kochen bringen. Quinoa in ein Sieb geben und gut abspülen. In das kochende Wasser geben und 15 Minuten garen. Danach in ein Sieb abgießen, mit kaltem Wasser abschrecken und abtropfen lassen.
Die Grünkohlmasse mit Quinoa, Semmelbröseln, Haferflocken, Mehl und Eiern sorgfältig vermengen und mit Salz und Pfeffer kräftig abschmecken. Den Käse untermischen. Mit nassen Händen handtellergroße Taler aus der Masse formen. Butterschmalz in einer Pfanne erhitzen und die Bratlinge von jeder Seite ca. 4 Minuten braten. Heiß servieren. Dazu passen z. B. Pellkartoffeln und Kräuterschmand.

GRÜNKOHL LASAGNE

600 g Grünkohl
Salz
2 EL Mandelstifte
1 Zwiebel
1 Knoblauchzehe
15 getrocknete Aprikosen
3 TL Butter
200 ml Gemüsebrühe
frisch gemahlener Pfeffer
300 g Crème fraîche
100 ml Milch
1 TL abgeriebene Bio-Zitronenschale
9 Lasagneblätter (roh)
100 g geriebener Bergkäse

Den Grünkohl gründlich waschen, die Blätter von den dicken Strünken befreien und fein schneiden. Salzwasser zum Kochen bringen und den Kohl darin einige Minuten blanchieren. Herausnehmen, abtropfen lassen und gut ausdrücken. Die Mandeln in einer Pfanne ohne Fett goldbraun rösten. Herausnehmen und beiseitestellen. Zwiebel und Knoblauch schälen und fein würfeln. Die Aprikosen klein schneiden. 2 Teelöffel Butter in einer Pfanne erhitzen, Zwiebel- und Knoblauchwürfel darin glasig andünsten. Den Grünkohl zugeben und 4 Minuten mitbraten. Die Brühe zugießen und zum Kochen bringen. Mandeln und Aprikosen untermischen und das Ganze mit Salz und Pfeffer würzen.
Crème fraîche, Milch und Zitronenschale in einem Schälchen verrühren, salzen und pfeffern.
Den Backofen auf 180 °C (Ober-/Unterhitze) vorheizen. Eine Auflaufform (20 x 30 cm) mit der verbliebenen Butter einfetten. Die Form mit Lasagneblättern auslegen. Einen Teil Grünkohl und Crème-fraîche-Mischung einschichten. Diesen Vorgang wiederholen, bis alle Zutaten aufgebraucht sind. Mit Lasagneblättern abschließen. Den Auflauf mit dem geriebenen Käse bestreuen und im vorgeheizten Ofen auf mittlerer Schiene 30–40 Minuten backen. Er ist gar, wenn die Nudelblätter beim Hineinstechen weich sind und der Käse eine schöne braune Kruste hat.

Diese herzhafte Lasagne ist vegetarisch. Die Kombination von Grünkohl mit getrockneten Aprikosen und Mandeln ist überraschend, köstlich und raffiniert.

Für eine Variante können Sie Wirsing statt Grünkohl verwenden. Die Zubereitung ändert sich nicht.

Dieses Rezept haben wir von einer Schrebergärtnerin, die sich vegan ernährt. Es lohnt sich, diese raffinierte Suppe einmal nachzukochen! Sie schmeckt auch ohne die Nuss-Mischung sehr gut. Den Anislikör kann man weglassen, wenn Kinder mit am Tisch sitzen.

BLUMENKOHL-FENCHEL SUPPE

Für die Suppe:
- 3 Schalotten
- 1 Knoblauchzehe
- 500 g Blumenkohl (500 g)
- 1 kleine Fenchelknolle (300 g)
- 300 g Brokkoli
- Salz
- Olivenöl zum Braten
- 4 EL Anislikör (z. B. Pernod)
- 1 l Mandelmilch
- frisch gemahlener Pfeffer
- frisch geriebene Muskatnuss
- 2 TL Gemüsebrühepulver (instant)

Für die Nussmischung:
- 40 g gemischte Nusskerne (z. B. Haselnüsse, Walnüsse, Mandeln)
- 2 TL Sesammus (Reformhaus)
- 2 TL Zitronensaft
- ½ TL abgeriebene Bio-Zitronenschale
- 1 TL Honig
- Salz

Für die Suppe die Schalotten und den Knoblauch schälen und fein würfeln. Den Blumenkohl putzen und in Röschen teilen. Den Strunk klein schneiden. Den Fenchel putzen, das Fenchelgrün beiseitelegen. Die Knolle halbieren, den Strunk herausschneiden, den Rest fein schneiden. Den Brokkoli putzen, die Röschen abtrennen. Den Strunk schälen und würfeln. Die Brokkoliröschen in kochendem Salzwasser 5 Minuten garen. Abgießen und abtropfen lassen.

Olivenöl in einem Topf erhitzen, Knoblauch und Schalotten darin andünsten. Blumenkohl, Fenchel und Brokkolistrunk zugeben und 3–4 Minuten mitdünsten. Mit Anislikör ablöschen und die Mandelmilch angießen. Die Suppe mit Salz, Pfeffer und Muskat würzen. Die Gemüsebrühe unterrühren. Alles zugedeckt bei mittlerer Hitze 15–20 Minuten garen.

Inzwischen für die Nussmischung die Nüsse in einer Pfanne ohne Fett goldbraun rösten. Herausnehmen, abkühlen lassen und hacken. Das Sesammus mit Zitronensaft und -schale sowie 8 Esslöffeln Wasser glatt rühren. Die Nüsse und den Honig unterrühren und die Mischung leicht salzen.

Die Brokkoliröschen in einer Pfanne mit etwas Olivenöl rundum leicht anbraten. Die Suppe pürieren, auf Schalen verteilen und mit den gebratenen Brokkoliröschen und dem beiseitegestellten Fenchelgrün bestreut servieren. Dazu die Nuss-Mischung reichen, die sich jeder nach Geschmack in die Suppe rühren kann.

WIRSING-LINSEN CURRY

500 g Wirsing
1 Zwiebel
3 Stängel Koriander
2 EL Sonnenblumenöl
2 EL Currypulver
3 getrocknete Chilischoten
100 g rote Linsen
1 Dose Kokosmilch (400 g)
500 ml Gemüsebrühe
50 g Erdnusskerne, geröstet und gesalzen
1 Bio-Limette
2 EL Sojasauce
2 EL Zucker

Den Wirsing putzen, vierteln und vom Strunk befreien. Den Kohl in 2 cm breite Streifen schneiden. Die Zwiebel schälen und würfeln. Koriander waschen, trocken schütteln, die Blättchen von den Stielen zupfen und in Streifen schneiden.

Das Öl in einem großen Topf erhitzen. Das Currypulver darin anrösten. Die Chilischoten und die Zwiebel zugeben und kurz mitdünsten. Dann die Linsen und den Wirsing zufügen und alles gut mischen. Kokosmilch und Gemüsebrühe angießen und alles zugedeckt 15 Minuten bei mittlerer Hitze köcheln lassen.

Die Erdnüsse grob hacken. Die Limette heiß abwaschen, trocken reiben und achteln.

Das Curry mit Sojasauce und Zucker würzen und mit Korianderblättchen und Erdnüssen bestreut und mit einem Limettenachtel dekoriert servieren.

Ein vegetarisches Rezept, bei dem auch Nicht-Vegetarier keine Fleischeinlage vermissen werden. Erstaunlich, wie exotisch Wirsing in der Kombination mit Kokosmilch und Erdnüssen schmecken kann!

Man weiß nicht so recht, ob man es hier nun mit einem herzhaften Gericht oder mit einer Süßspeise zu tun hat. Auf jeden Fall ist die Mischung überraschend, spannend und ausgesprochen lecker.

Den Crumble mit einem ordentlichen Klacks glatt gerührter Crème fraîche oder saurer Sahne genießen.

ROTE-BETE-FENCHEL CRUMBLE

Für das Gemüse:
600 g Rote Bete
Salz
4 EL weißer Balsamico
4 EL Walnussöl
frisch gemahlener Pfeffer
2 Fenchelknollen
5 EL Olivenöl

Für die Streusel:
25 g frische Ingwerwurzel
abgeriebene Schale von 1 Bio-Orange
130 g Mehl
40 g Zucker
1 TL Salz
100 g kalte Butter

Die Rote-Bete-Knollen putzen und ungeschält in kochendem Salzwasser 45 Minuten garen. Dann abgießen, kalt abschrecken und etwas abkühlen lassen. Die Knollen schälen und in Spalten schneiden.
Den Balsamico-Essig mit dem Walnussöl verrühren, salzen und pfeffern. Die Rote-Bete-Spalten in der Vinaigrette wenden und 30 Minuten durchziehen lassen.
Inzwischen den Fenchel putzen, halbieren und den Strunk herausschneiden. Die Knollen in 2 cm breite Spalten schneiden. Das Olivenöl in einer Pfanne erhitzen, den Fenchel darin unter Wenden 10 Minuten braten. Salzen, pfeffern und abkühlen lassen.
Für die Streusel den Ingwer schälen, fein reiben und in einer Schüssel mit Orangenschale, Mehl, Zucker und Salz mischen. Die Butter in Flöckchen zugeben. Den Teig zwischen den Händen verreiben, bis gleichmäßig große Streusel entstanden sind.
Den Backofen auf 180 °C (Ober-/Unterhitze) vorheizen. Rote Bete und Fenchel in einer Auflaufform mischen, mit den Streuseln bestreuen und im vorgeheizten Backofen auf mittlerer Schiene 30–40 Minuten backen, bis die Streusel goldbraun sind.

RUSSISCHER BORSCHTSCH

1 kg Rindfleisch (Suppenfleisch)
2 Markknochen
3 TL Salz
250 g Rote Bete
2 Knoblauchzehen
Saft von ½ Zitrone
250 g Möhren
1 Zwiebel
1 rote Paprikaschote
3 Tomaten
Sonnenblumenöl zum Braten
400 g Kartoffeln
200 g Weißkohl
3 Lorbeerblätter
5 Pfefferkörner
5 Pimentkörner
5 Stängel Dill
250 g Schmand

Das Fleisch und die Knochen mit dem Salz in einen großen Topf geben und mit 2 l kaltem Wasser bedecken. Zum Kochen bringen und aufsteigenden Schaum so lange abschöpfen, bis sich kein neuer mehr bildet. Den Deckel auflegen und alles bei geringer Hitze 1 Stunde köcheln lassen.

Inzwischen die Rote Bete schälen und in Stifte schneiden. Knoblauch schälen, zerdrücken und mit dem Zitronensaft zur Roten Bete geben. Die Möhren schälen und stifteln. Die Zwiebel schälen, halbieren und in Ringe schneiden. Die Paprikaschote putzen und in Streifen schneiden. Die Tomaten vierteln, vom Stielansatz befreien und würfeln. Öl in einer Pfanne erhitzen, Möhren, Zwiebel und Paprika darin anbraten. Die Tomaten zugeben und kurz mitbraten.

Die Kartoffeln schälen und würfeln. Den Kohl putzen, vom Strunk befreien und in Streifen schneiden.

Das Fleisch aus dem Topf nehmen. Lorbeerblätter mit Pfefferkörnern, Piment und dem gesamten Gemüse in die Brühe geben und 15 Minuten zugedeckt garen. Das Fleisch von Knochen und Fett befreien, in mundgerechte Stücke schneiden und wieder zur Suppe geben.

Den Dill waschen, trocken schütteln, von groben Stängeln befreien und hacken. Den Borschtsch auf Teller verteilen, einen dicken Klecks Schmand dazugeben und mit gehacktem Dill bestreut servieren.

Borschtsch, der berühmte Eintopf mit Roter Bete, ist in ganz Osteuropa bekannt und wird von Land zu Land, von Region zu Region etwas unterschiedlich zubereitet. Zutaten, die nicht fehlen dürfen sind dabei Weißkohl, Rote Bete, Kartoffeln, Rindfleisch, Schmand bzw. saure Sahne und Dill.

Farbenfrohe Schönheit auch im Winter

Obwohl die Gärten über die Wintermonate still und verwaist sind und sich kein Spaziergänger in die Anlagen verirrt, weil die Außentore fest verschlossen sind, zeigen sie sich gerade jetzt – vor allem, wenn Frost und Schnee die Beete zudecken und für Kontrast sorgen – von einer bezaubernden Schönheit.

Mit Liebe zum Detail und Sinn für das Dekorative streichen viele Schrebergärtnerinnen und -gärtner ihre Lauben in mediterranen Tönen und schaffen sich so einen Hauch von Italien oder Côte d'Azur. Sie pinseln Fensterläden, Bänke und Tore in allen Farben des Regenbogens an oder setzen in ihren Parzellen Akzente mit Dekorationen in Pink, Gelb oder Blau.

Aber erst im Winter wird wirklich sichtbar, was in den anderen Jahreszeiten hinter all der blühenden Pracht in den Beeten zurücktritt. Wenn die Blätter von den Bäumen gefallen sind und von den einst grünen Stauden nur noch trockene braune Triebe übrig bleiben, haben sie ihren Auftritt: die bunt bemalten Lauben, Zäune und Törchen.

Ein Winter-Klassiker, der auch mit Weißkohl statt Wirsing zubereitet werden kann.

Die Rouladen können auch zugedeckt im Schmortopf auf dem Herd gegart werden. Dafür sollten sie besonders kräftig angebraten werden. Die Garzeit bleibt dieselbe.

WIRSINGROULADEN

1 kleiner Kopf Wirsing (800 g)
Salz
1 altbackenes Brötchen
500 g Hackfleisch, halb Rind, halb Schwein
1 Zwiebel
1 Ei
Salz und frisch gemahlener Pfeffer
Paprikapulver edelsüß
1 TL getrockneter Majoran
1 EL mittelscharfer Senf
Butterschmalz zum Braten
500 ml Gemüsebrühe

Den Wirsing putzen, vom Strunk befreien und die großen äußeren Blätter ablösen (8–12 Stück). Diese gründlich waschen. Das Kohlinnere in feine Streifen schneiden und beiseitestellen.
Salzwasser zum Kochen bringen und die Kohlblätter darin nacheinander 2 Minten blanchieren. Mit einem Schaumlöffel herausheben. Die Mittelrippen mit einem scharfen Messer flach schneiden.
Das Brötchen in warmem Wasser einweichen. Das Hackfleisch in eine Schüssel geben. Die Zwiebel schälen, fein hacken und zum Fleisch geben. Das gut ausgedrückte Brötchen mit dem Ei, Salz (ca. 2 Teelöffel), Pfeffer, Paprika, Majoran und Senf ebenfalls zum Fleisch geben. Alles mit sauberen Händen gut durchkneten. Die Hände unter kaltem Wasser abspülen und aus dem Fleischteig längliche Bällchen in der Anzahl der blanchierten Kohlblätter formen. Je 1 Fleischbällchen auf ein Kohlblatt setzen, die Ränder darüber einklappen und das Blatt aufrollen. Mit Küchengarn umwickeln und verknoten.
Den Backofen auf 180 °C (Ober-/Unterhitze) vorheizen. Butterschmalz in einer Pfanne erhitzen, die Wirsingrouladen darin rundum anbraten. Herausnehmen und in eine Auflaufform setzen. Die beiseitegestellten Wirsingstreifen jetzt andünsten und mit der Gemüsebrühe ablöschen. Den Pfanneninhalt zu den Rouladen geben und diese im auf 180 °C vorgeheizten Backofen auf mittlerer Schiene je nach Größe 45–50 Minuten garen. Herausnehmen und servieren. Dazu passt Kartoffelpüree.

SCHWEIZER SPÄTZLIGRATIN

Für das Gratin:
350 g Spätzle
800 g Brokkoli
Salz
1 TL Butter zum Schwenken
frisch geriebene Muskatnuss

Für die Sauce:
25 g Butter
2 EL Mehl
2 ml Milch
200 ml Gemüsebrühe
frisch geriebene Muskatnuss
frisch gemahlener Pfeffer

Außerdem:
Butter für die Form
100 g geriebener Greyerzer
Butterflöckchen zum Belegen

Die Spätzle in kochendem Salzwasser nach Packungsanweisung bissfest garen. Den Brokkoli putzen und in Röschen zerteilen. Salzwasser zum Kochen bringen und den Kohl darin in ca. 7 Minuten bissfest garen. Abgießen und in der Butter schwenken. Mit Muskat würzen. Für die Sauce die Butter in einem Topf zerlassen. Das Mehl einrühren und mit Milch und Brühe unter ständigem Rühren aufkochen lassen. Weiterrühren, bis keine Klümpchen mehr vorhanden sind. Mit Muskat und Pfeffer würzen.
Den Backofen auf 200 °C (Ober-/Unterhitze) vorheizen. Eine große Auflaufform buttern, die Spätzle darin verteilen und mit den Brokkoliröschen belegen. Die Sauce über das Gratin gießen. Den geriebenen Greyerzer obenauf verteilen und mit Butterflöckchen belegen.
Das Gratin im vorgeheizten Backofen auf mittlerer Schiene 15 Minuten überbacken. Für eine schöne braune Oberfläche zum Ende der Garzeit den Grill zuschalten.

Dieses Rezept schickte uns ein Berner Schrebergärtner. Brokkoli ist zwar nicht leicht selbst zu ziehen, man kann aber vorgezogene Pflänzchen setzen und später von derselben Staude sogar mehrfach ernten.

Für eine Variante mit Fleisch 200 g gekochten Schinken klein schneiden und unter die Spätzle mischen.

Früher ließ man Sauerkraut in großen Steinguttöpfen im Keller gären. Sie waren mit einem Holzdeckel verschlossen. Der Topfrand hatte eine Rille, die mit Wasser gefüllt wurde. So konnten die Gärgase entweichen, ohne dass Bakterien von außen eindringen konnten.

SELBST GEMACHTES SAUERKRAUT

Für ca. 5 Gläser à 500 ml:
1 Weißkohl (geputzt 1 kg)
15 g Meersalz
½ TL Kümmel
½ TL Wacholderbeeren
2 Lorbeerblätter

Den Kohl von den äußeren Blättern befreien, vierteln und den Strunk herausschneiden. Die Kohlviertel in Streifen hobeln. Den geraspelten Kohl wiegen, in eine große Plastikschüssel oder -wanne füllen und das Salz zugeben. Mit den Händen ausdauernd und kräftig kneten, bis Flüssigkeit austritt und der Kohl weich ist. Die übrigen Gewürze zugeben.

Twist-off-Gläser oder Gläser mit Bügelverschluss mit kochendem Wasser ausspülen und das Kraut einfüllen. Mit Flüssigkeit aufgießen, bis es bedeckt ist. Falls nicht genug Flüssigkeit vorhanden ist, mit abgekochtem Wasser aufgießen. Die Glasränder mit Küchenpapier sauber reiben. Und die Öffnung vor dem Verschließen der Gläser mit einem Stück Frischhaltefolie abdecken. Die Gläser in eine große Wanne stellen und bei ca. 18 °C 3–6 Tage stehen lassen. Wenn der Kohl zu gären beginnt, entweicht möglicherweise Flüssigkeit, die sich dann in der Wanne sammelt. Nach der Gärzeit darf probiert werden. Ansonsten die Gläser bis zum Verzehr an einem kühlen Ort aufbewahren.

SAUERKRAUTEINTOPF MIT PAPRIKA

400 g Kartoffeln
1 Zwiebel
2 Knoblauchzehen
2 rote Paprikaschoten
2 EL Olivenöl
500 ml heiße Gemüsebrühe
1 Dose Tomatenstücke (400 g)
400 g Sauerkraut
Salz
frisch gemahlener Pfeffer
1 ½ TL Paprikapulver edelsüß
10 Wacholderbeeren

Die Kartoffeln schälen, waschen und würfeln. Zwiebel und Knoblauch schälen und hacken. Die Paprikaschoten putzen und würfeln. Olivenöl in einem Topf erhitzen, das vorbereitete Gemüse einige Minuten darin anschwitzen. Mit der Gemüsebrühe ablöschen, Tomatenstücke und Sauerkraut zugeben. Den Eintopf mit Salz, Pfeffer, Paprika und Wacholderbeeren würzen und 20 Minuten zugedeckt köcheln lassen. Dabei gelegentlich umrühren.

Wer mag, kann in Scheiben geschnittene Krakauer oder gewürfelten Kasslerbraten mitgaren.

Der Eintopf erinnert entfernt an Szegediner Gulasch – nur ohne Gulasch. Für diese Variante 500 g Gulasch in Öl anbraten, mit Salz, Pfeffer und Paprikapulver würzen und mit 1 Glas Rotwein ablöschen. Das Fleisch zum Gemüse geben. Weiter verfahren wie oben. Die Garzeit erhöht sich auf 1 Stunde.

WINTER-APFEL GELEE

Für 5–7 Gläser:
800 ml Apfelsaft
¼ TL Nelkenpulver
5–7 Zimtstangen
1 kg Gelierzucker 1:1

Den Apfelsaft mit Nelken, Zimt und Gelierzucker in einen hohen Topf füllen, gut durchrühren und zum Kochen bringen. 4 Minuten sprudelnd kochen lassen. Die Zimtstangen herausfischen und auf die zuvor mit kochendem Wasser ausgespülten Twist-off-Gläser verteilen. Das Gelee einfüllen. Die Gläser mit den Deckeln fest verschließen und für einige Minuten auf den Kopf stellen. Dann wieder umdrehen und vollständig abkühlen lassen. Das Gelee hält sich an einem kühlen und dunklen Ort ca. 1 Jahr.

In vielen Schrebergartenanlagen besteht die Möglichkeit, die Apfelernte zu Saft pressen zu lassen. Zu dem Zweck wird eine mobile Presse für einen oder mehrere Tage extra aufgestellt. Diesen Saft kann man später im Jahr z.B. für das Gelee verwenden. Manche Apfelsorten lassen sich auch gut einlagern. Sie werden mit etwas Abstand zueinander, damit die Luft gut zirkulieren kann, auf Stellagen verteilt. Diese Äpfel können noch Monate nach der Ernte verzehrt oder verarbeitet werden. Das Gelee ist ein schönes Advents-Mitbringsel.

ROTWEINBIRNEN MIT ZIMTKNUSPER

Für die Rotweinbirnen:
4 saftige Birnen
1 Bio-Orange
1 Vanilleschote
500 ml Rotwein
400 g Zucker
2 Zimtstangen
1 TL Speisestärke

Für den Zimtknusper:
20 g kernige Haferflocken
½ TL Zimtpulver
20 g weiche Butter
40 g Mehl
20 g brauner Zucker

Außerdem:
4 Kugeln Vanilleeis

Die Birnen schälen, längs halbieren und das Kerngehäuse mit einem Teelöffel entfernen. Die Orange heiß abwaschen, trocken reiben und die Schale ohne das Weiße dünn abschälen. Den Saft auspressen. Die Vanilleschote längs halbieren, das Mark herauskratzen.
Den Wein mit Orangenschale, Orangensaft, Vanillemark und -schote, dem Zucker und den Zimtstangen zum Kochen bringen. Die Birnenhälften einlegen und in dem Sud 15–20 Minuten garen. Sie sollen weich sein, aber nicht zerfallen. Herausheben und beiseitestellen. Den Sud einkochen lassen. Die Speisestärke mit etwas kaltem Wasser anrühren und den Sud damit binden.
Für den Zimtknusper den Backofen auf 180 °C vorheizen. Die Haferflocken mit Zimt, Butter, Mehl und Zucker zu Streuseln verarbeiten. Diese in einer feuerfesten Form verteilen und im vorgeheizten Ofen auf mittlerer Schiene 20–30 Minuten backen, bis sie braun sind. Evtl. zum Schluss den Grill zuschalten.
Die Birnen im Rotweinsud erwärmen und auf Dessertteller verteilen. Mit dem Sud begießen und mit Zimtstreuseln bestreuen. Dazu jeweils 1 Kugel Vanilleeis geben und sofort genießen.

Die Rotweinbirnen bilden den perfekten Abschluss zu einem weihnachtlichen Menü.

So einen Feuertopf hat natürlich nicht jeder zur Hand. Der Kuchen kann ebensogut bei 180 °C im Backofen gebacken werden (unterste Schiene). Die Mengen bleiben unverändert. Bei den Äpfeln einfach kleinere Exemplare aussuchen (z. B. Elstar).

BRATAPFELKUCHEN

Für einen Feuertopf „Dutch Oven FT9"

Für den Teig:
150 g weiche Butter
100 g Zucker
1 Ei
250 g Mehl
½ Päckchen Backpulver

Für die Füllung:
1 Päckchen Vanille-Puddingpulver
½ l Milch
7 Äpfel (z. B. Boskop)
100 g Marzipanrohmasse
2 TL gemahlene Mandeln
1 EL Rosinen
1 EL Zucker
1 Msp. Zimt
40 ml Rum

Außerdem:
1 Handvoll gehackte Mandeln zum Bestreuen

Für den Teig die Butter mit dem Zucker und dem Ei dick-schaumig rühren. Mehl und Backpulver mischen und zugeben. Alles zu einem geschmeidigen Teig verarbeiten, zur Kugel formen und abgedeckt im Kühlschrank 30 Minuten ruhen lassen.
Inzwischen für die Füllung aus Puddingpulver und Milch nach Packungsanweisung einen Pudding kochen und abkühlen lassen.
Die Äpfel waschen, trocken reiben und das Kerngehäuse großzügig ausstechen. Die Marzipanrohmasse mit Mandeln, Rosinen, Zucker, Zimt und Rum verrühren. Die Masse in die ausgehöhlten Äpfel füllen. Den Feuertopf mit Backpapier auskleiden. Den Teig rund ausrollen und den Boden des Topfes damit auslegen. Dabei einen Rand hochziehen. Die Äpfel samt Füllung hineinsetzen. Den Pudding in den Zwischenräumen verteilen. Den Kuchen mit gehackten Mandeln bestreuen.
Den Topf mit dem Deckel verschließen und in die Glut stellen. Einige glühende Grillbriketts auf dem Deckel verteilen. Nach ca. 1 Stunde aus der Glut nehmen und eine Garprobe machen (mit einem Holzstäbchen in einen Apfel stechen, ob er weich ist), ggf. noch etwas länger garen. Den fertigen Kuchen etwas abkühlen lassen, im Topf in Stücke schneiden und sofort genießen.

FRÜHLING

Bärlauch-Foccaccia	22
Bärlauch-Pesto	25
Erdbeer-Rhabarber-Tiramisu	14
Erdbeerkonfitüre	58
Frühlings-Tarte-Tatin	57
Gierschtarte	36
Holunderblüten-Sirup	46
Kalte Spinat-Lasagne	21
Kräuterbutter	40
Maibowle	29
Mairübchen-Cremesuppe	53
Parmesan-Rosmarin-Cracker	49
Polnischer Gurkensalat	45
Radieschen-Kresse-Dip	32
Rhabarberkuchen mit Baiser	54
Salat mit Spargel und Garnelen	39
Spargel mit Rauke-Walnuss-Pesto	18
Waldmeister-Panna-Cotta mit Erdbeer-Sauce	35

SOMMER

Clafoutis – Kirschauflauf	89
Dicke Bohnen mit Pecorino	67
Dreimal Rohkost, Möhrenrohkost mit Sesam	76
Dreimal Rohkost, Rote-Bete-Rohkost mit Walnüssen	76
Dreimal Rohkost, Sellerie-Apfel-Rohkost mit Kürbiskernen	76
Gazpacho – Kalte Gemüsesuppe	81
Himbeer-Cheesecake	98
Himbeerlassi	105
Johannisbeereis am Stiel	102
Kabak dolmasi – Gefüllte Zucchini	113
Kalte Gurkensuppe	71
Mangoldtarte mit Ziegenkäse	93
Mirabellenpfannkuchen	75
Panzanella – Italienischer Brotsalat	72
Pastasalat	94
Ratatouille à la Provençale	114
Rosensirup	107
Schnüsch – Sommer-Gemüse-Eintopf	82
Sieben-Gemüse-Tajine	85
Sommerlicher Kartoffelsalat	90
Tomatencrostini	64
Tomatensauce	110

HERBST

Birnenchutney	148
Blumenkohlcurry	125
Eingelegte Senfgurken	154
Eingelegte Zucchini	153
Fenchel-Birnen-Salat mit Roquefort-Dressing	129
Feuertopf	140
Gebackener Blumenkohl-Salat	163
Herbstliches Ofengemüse	122
Koreanische rote Chilipaste	166
Kürbis-Maronen-Risotto	159
Kürbisflammkuchen	121
Lauwarmer Mangoldsalat	160
Pflaumen-Birnen-Apfel-Crumble	130
Quittenmuffins mit Walnussknusper	133
Reibeplätzchen	143
Schoko-Birne-Walnuss-Kuchen	147
Tiroler Spinatknödel	139
Zwetschgenknödel	134

WINTER

Avezias de Abóbora – Süßes Kürbisgebäck	173
Blumenkohl-Fenchel-Suppe	188
Bratapfelkuchen	212
Grünkohlbratlinge	184
Grünkohllasagne	187
Lauchquiche	178
Rote-Bete-Fenchel-Crumble	194
Rotkohlsuppe	183
Rotweinbirnen mit Zimtknusper	211
Russischer Borschtsch	197
Sauerkrauteintopf mit Paprika	207
Schweizer Spätzligratin	203
Selbst gemachtes Sauerkraut	204
Winter-Apfel-Gelee	208
Winterrohkost	177
Wirsing-Linsen-Curry	193
Wirsingrouladen	200
Zwiebelkonfitüre	174

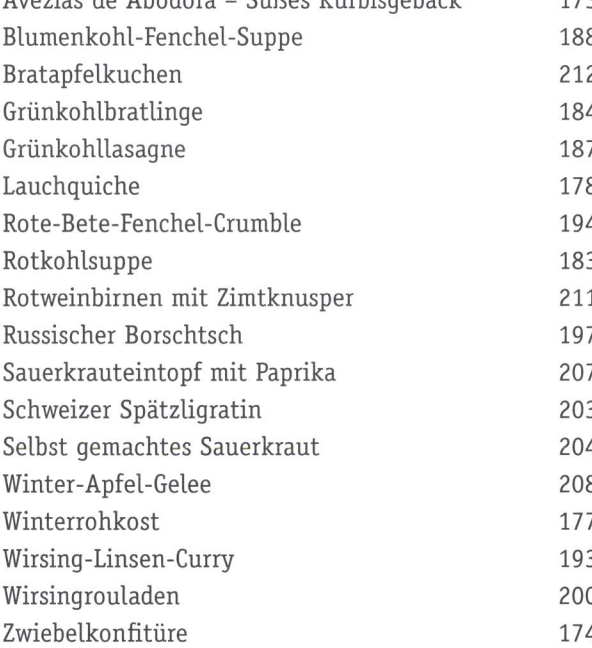

ANTIPASTI, AUFSTRICHE, DIPS

Bärlauch-Pesto	25
Dicke Bohnen mit Pecorino	67
Kräuterbutter	40
Parmesan-Rosmarin-Cracker	49
Radieschen-Kresse-Dip	32
Tomatencrostini	64

SALATE

Dreimal Rohkost, Möhrenrohkost mit Sesam	76
Dreimal Rohkost, Rote-Bete-Rohkost mit Walnüssen	76
Dreimal Rohkost, Sellerie-Apfel-Rohkost mit Kürbiskernen	76
Fenchel-Birnen-Salat mit Roquefort-Dressing	129
Gebackener Blumenkohl-Salat	163
Lauwarmer Mangoldsalat	160
Panzanella – Italienischer Brotsalat	72
Pastasalat	94
Polnischer Gurkensalat	45
Salat mit Spargel und Garnelen	39
Sommerlicher Kartoffelsalat	90
Winterrohkost	177

SUPPEN, HEISS UND KALT

Blumenkohl-Fenchel-Suppe	188
Gazpacho – Kalte Gemüsesuppe	81
Kalte Gurkensuppe	71
Mairübchen-Cremesuppe	53
Rotkohlsuppe	183
Russischer Borschtsch	197

HERZHAFTES AUS DEM OFEN

Bärlauch-Foccaccia	22
Feuertopf	140
Frühlings-Tarte-Tatin	57
Gebackener Blumenkohl-Salat	163
Gierschtarte	36
Grünkohllasagne	187
Herbstliches Ofengemüse	122
Kürbisflammkuchen	121
Lauchquiche	178
Mangoldtarte mit Ziegenkäse	93
Rote-Bete-Fenchel-Crumble	194
Schweizer Spätzligratin	203
Wirsingrouladen	200

HERZHAFTES AUS DEM TOPF

Blumenkohlcurry	125
Feuertopf	140
Kabak dolmasi – Gefüllte Zucchini	113
Kalte Spinat-Lasagne	21
Kürbis-Maronen-Risotto	159
Ratatouille à la Provençale	114
Russischer Borschtsch	197
Sauerkrauteintopf mit Paprika	207
Schnüsch – Sommer-Gemüse-Eintopf	82
Sieben-Gemüse-Tajine	85
Tiroler Spinatknödel	139
Wirsing-Linsen-Curry	193

HERZHAFTES AUS DER PFANNE

Grünkohlbratlinge	184
Reibeplätzchen	143
Spargel mit Rauke-Walnuss-Pesto	18

EINGEMACHT UND EINGELEGT

Bärlauch-Pesto	25
Birnenchutney	148
Eingelegte Senfgurken	154
Eingelegte Zucchini	153
Erdbeerkonfitüre	58
Holunderblüten-Sirup	46
Koreanische rote Chilipaste	166
Rosensirup	107
Selbst gemachtes Sauerkraut	204
Tomatensauce	110
Winter-Apfel-Gelee	208
Zwiebelkonfitüre	174

KUCHEN UND GEBÄCK

Avezias de Abóbora – Süßes Kürbisgebäck	173
Bratapfelkuchen	212
Clafoutis – Kirschauflauf	89
Himbeer-Cheesecake	98
Parmesan-Rosmarin-Cracker	49
Pflaumen-Birnen-Apfel-Crumble	130
Quittenmuffins mit Walnussknusper	133
Rhabarberkuchen mit Baiser	54
Rote-Bete-Fenchel-Crumble	194
Schoko-Birne-Walnuss-Kuchen	147

GETRÄNKE

Gazpacho – Kalte Gemüsesuppe	81
Himbeerlassi	105
Holunderblüten-Sirup	46
Maibowle	29
Rosensirup	107

SÜSSES UND DESSERTS

Clafoutis – Kirschauflauf	89
Erdbeer-Rhabarber-Tiramisu	14
Johannisbeereis am Stiel	102
Mirabellenpfannkuchen	75
Rotweinbirnen mit Zimtknusper	211
Waldmeister-Panna-Cotta mit Erdbeer-Sauce	35
Zwetschgenknödel	134

DIE REZEPTE SIND, WENN NICHT ANDERS ANGEGEBEN, FÜR 4 PERSONEN BERECHNET.

DANK

Ein Jahr lang haben wir für dieses Buch Schrebergärten besucht. Besonders häufig waren wir in den Anlagen „Große Dahlkamp", „Mühlenfeld", „Prozessionsweg" und „Lebensfreude Post" in Münster zu Gast. Dort haben uns eine Reihe von Gärtnerinnen und Gärtnern erlaubt, ihre Gärten jederzeit, auch in ihrer Abwesenheit, zu betreten. Ganz herzlichen Dank dafür an Alexandra Nettels, Kiki Kempkes, Anna und Lars Baus.

Am Ersten Mai fotografierten wir im Garten von Christoph Karla und Henning Kischkel. Eva-Maria Thüning mit Tochter Marlene, Dajana Tscherner und Moritz Ortmann waren mit von der Partie. Außerdem lieferte Henning nicht nur eine Reihe von Rezepten (Rosmarin-Cracker, Gierschtarte, Pastasalat, Frühlings-Tarte-Tatin), sondern bereitete sie auch noch für uns zu! Dafür ein ganz herzliches Dankeschön.

Bei Laura und Bruno Costa fotografierten wir ein sommerliches Kaffeetrinken. Mit dabei waren Söhnchen Carlo, Marie Louise, Yella und Tristan Sonntag sowie Tarek Jansen. Laura und Bruno stellten uns ihre portugiesischen Nachbarn vor, in deren Garten wir ebenfalls fotografieren durften. Und Laura bereitete das portugiesische Kürbisgebäck für uns zu. Danke an alle!

Jobst Tjaden lud uns in den Gemeinschaftsgarten ein, in dem wir den Feuertopf, die Reibeplätzchen und den Bratapfelkuchen fotografieren durften. Für die Aufnahmen stellten sich dort die Mit-Gärtnerinnen Elke Stoever mit Tochter Meret Wunsch, Katja Zeyer und Claudia Hansmerten mit Tochter Emma sowie als Gast Monika Versmann zur Verfügung. Vielen, vielen Dank!

Bei Thilo Grünwald bedanken wir uns für das Rezept für Kürbisflammkuchen und seine unersetzliche Hilfe bei der Zubereitung vieler weiterer Gerichte. Edith Remmen gab uns das Rezept für eingelegte Zucchini, das ursprünglich von der sächsischen Großmutter ihrer Schwiegertochter stammt. Marlene Droop hat bei Shootings geholfen, Rezepte abgetippt und war uns ein tolles Fotomodel. Wir bedanken uns von Herzen!

Für Führungen durch ihre Gärten und Lauben bedanken wir uns bei Melanie Laukamp (die auch den Rosensirup für uns zubereitete) und Lars Rademacher, Christoph Schulte im Walde, Thomas Hilgemeier (von den beiden stammen die Senfgurken) und Adolf Borgscheiper (der asiatische Garten) sowie bei Andrea und Stefan Ottenjann, die uns ihren Garten und ihr schönes Geschirr für ein Shooting zur Verfügung stellten. Danke!

Wir bedanken uns bei der Redakteurin Eva Salzgeber für ihre Begeisterung für das Projekt und das große Vorschuss-Vertrauen in unsere Arbeit; bei der Korrektorin Claudia Pastors für ihre schnelle und unkomplizierte Mithilfe und bei unserer Agentin Anette Riedel für ihre unermüdliche Unterstützung in jeder erdenklichen Hinsicht.

Nicht zuletzt ganz besonders lieben Dank an unsere Familien, vor allem Tarek Jansen und Jos Gerritschen, dass sie an so vielen Wochenenden, (fast) ohne zu murren, auf uns verzichtet haben. Wir finden, es hat sich gelohnt!

*Christiane Leesker
und Vanessa Jansen*